Codice Della Legge Canonica

Canone 66 lad ,azneugesnoc id ,anaitsirc aimonoce'L»
è il nuovo e definitivo Testamento, non momento che
morirà mai; e non bisogna aspettarsi nessuna pubblica
rivelazione prima della gloriosa manifestazione di nostro
Signore Gesù Cristo". Ma anche se la Rivelazione è già
completata, non è stata resa completamente esplicita;
alla fede cristiana rimane da cogliere il suo completo
significato nel corso dei secoli.

Canone 67 Negli anni ci sono state le cosiddette
rivelazioni "private", alcune delle quali sono state
riconosciute dall'autorità della Chiesa. Non
.però, al deposito della fede ,appartengonoIl loro
compito non è migliorare o completare la Rivelazione
definitiva di Cristo, ma aiutare a vivere più pienamente
in essa in certi periodi della storia. Guidato dal
Magisterium della Chiesa, il sensus fidelium sa come
discernere e dare il benvenuto a queste rivelazioni, sia
che costituiscano una chiamata autentica alla Chiesa
da parte di Cristo che da parte dei suoi santi.

La fede cristiana non può accettare "rivelazioni" che
sostengano di sorpassare o correggere la Rivelazione di
cui Cristo è il compimento, come nel caso di religioni
certamente non cristiane e anche di alcune recenti sette
che si basano su tali "rivelazioni".

La Piena Di Grazia:
Gli Inizi
Merito
La Passione di Joseph
L'Angelo Blu
L'Infanzia di Gesù

Seguitemi:
Il Tesoro con 7 Nomi
Dove ci sono Spine, ci saranno anche Rose
Per l'Amore che Persevera
Il Collegio Apostolico
I Dieci Comandamenti

Le Cronache Di Gesù E Giuda Iscariota:
Io Ti vedo per come Sei
Coloro che sono Segnati
Gesù Piange

Lazzaro:
Che Bella Bionda
I Fiori Del Bene

Claudia Procula:
Amate il Nazareno?
Il Capriccio Della Morale Di Corte

Principi Cristiani:
Della Reincarnazione

Maria Di Magdala:
Ah! Mio Adorato! Ti Ho Raggiunto Alla Fine

Lamb Books
Versione illustrata per tutta la famiglia

LAMB BOOKS
Pubblicato da Lamb Books, 2 Dalkeith Court, 45 Vincent Street,
London SW1P 4HH;
UK, USA, FR, IT, SP, PT, DE
www.lambbooks.org
Prima pubblicato da Lamb Books 2013
questa edizione
001
Testo copyright @ Lamb Libri Nomina, 2013
Illustrazioni copyright @ Lamb Books, 2013
Il diritto morale dell'autore e illustratore è stato affermato
Tutti i diritti riservati
L'autore e l'editore sono grato al Centro Editoriale Valtoriano in Italia
per il permesso di citare il Poema dell'Uomo-Dio di Maria Valtorta, da
Valtorta Publishing

Situato in Bookman Old Style R
Stampato e rilegato da CPI Group (UK) Ltd, Croydon, CR0, 4YY

Fatta eccezione per gli Stati Uniti, questo libro è venduto a condizione
che essa non deve, a titolo di commercio o altrimenti, essere prestati,
rivenduto, locazione, o altrimenti distribuito senza il previo consenso
dell'editore in qualsiasi forma di associazione o di coprire diverso
quello in cui è pubblicata e senza una condizione simile compresa
questa condizione imposta sul successivo acquirente

Le **Cronache** Di **Gesù** E **Giuda Iscariota**

Io Ti Vedo Per Come Sei

LAMBBOOKS

RICONOSCIMENTO

Il materiale contenuto in questo libro è tratto d'll Poema Dell'uomo Di'o ('Il Vangelo Come Mi È Stato Rivelato') da Maria Valtorta, prima approvata dal Papa Pio nel 1948 nel una riunione del Febbraio 1948, testimoniato da altri tre sacerdoti. Ordinò i tre sacerdoti presente "pubblicare questo lavoro cosi com'è".

Nel 1994 il vaticano approva gli appelli dei cristiani in tutto il mondo e ha cominciato ad esaminare il caso per la Canonizzazione di Maria Valtorta (Giovanni piccolo). Il poema del Uomo Dio' è stato descritto da un confessore del Papa Pio come "edificante".

Revelazioni mistiche sono stati per molto tempo la provincia dei sacerdoti ei religiosi. Ed ora sono ottenibile a tutti. Tutti coloro che leggono questo adattamento, troverà anche edificante. Attraverso questa luce, la fede può essere rinnovata.

Un ringraziamento speciale al Centro Editoriale Valtortiano in Italia per il permesso di citare il poema del uomo Dio di Maria Valtorta, soprannominato Giovanni piccolo.

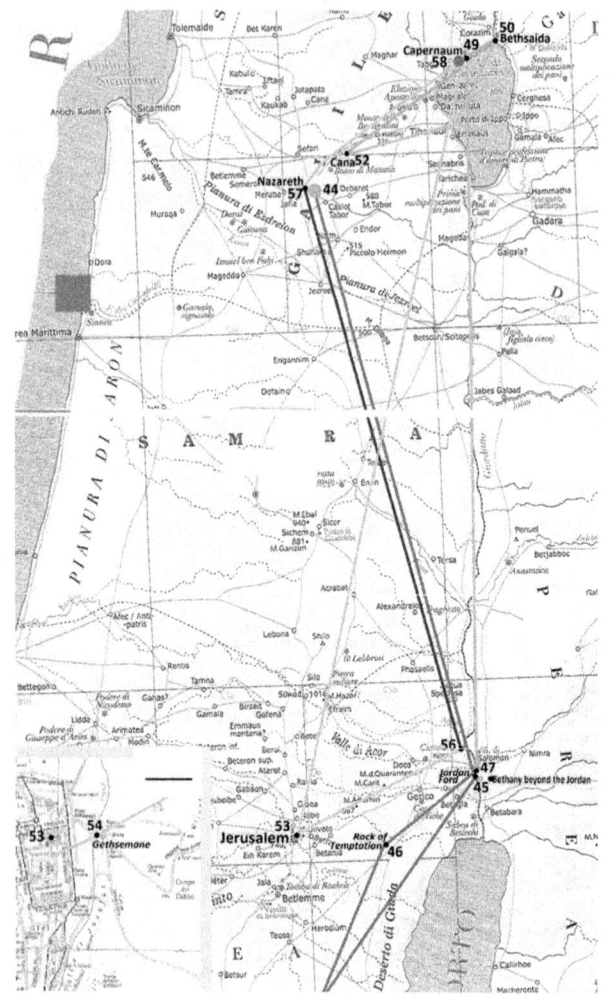

"Giuda analizza, sottilizza, ostinato, anche quando finge di rassegnarsi rimane nei suoi dubbi. Giovanni si sente una nullit?, accetta tutto, non chiede spiegazioni, gli basta rendermi felice. Questo ? l'esempio."

Gesù, 4 Gennaio 1945 – 'Il Vangelo Come Mi È Stato Rivelato' da Maria Valtorta

Gesù incontra Giuda Iscariota e Tommaso e cura Simone lo Zelota.   11

L'Iscariota incontra Gesù al Getsemani e viene accettato come discepolo.   21

Gesù compie il miracolo delle lame spezzate alla Porta dei Pesci.   27

Gesù predica nel Tempio. Giuda Iscariota è con Lui.   35

Gesù insegna a Giuda Iscariota.   45

Gesù incontra Giovanni di Zebedeo al Getsemani.   55

Gesù con Giuda Iscariota incontra Simone lo Zelota e Giovanni.   65

Gesù, Giovanni, Simone e Giuda vanno a Betlemme.   72

Gesù a Betlemme nella Casa del Contadino e nella Grotta.   78

Gesù Incontra Giuda Iscariota E Tommaso E Cura Simone Lo Zelota.

E' sera, durante la Pasqua ebraica, e la città di Gerusalemme è affollata di pellegrini che si affrettano verso casa. Gesù, assieme ai Suoi sei discepoli, cammina verso la casa di campagna situata tra i fitti ulivi, dove alloggia come ospite. Giuda Taddeo, che aveva desiderato venire a Gerusalemme con Gesù, non è presente.

Dallo spiazzo rurale di fonte alla casa, una collina terrazzata ricoperta di ulivi si inclina verso un piccolo torrente che scorre attraverso una valle formata da due colline, in cima a una delle quali si trova il Tempio, mentre l'altra è coperta solo di ulivi. Gesù ha appena iniziato ad inerpicarsi sulla dolce pendenza della collina di ulivi quando un uomo anziano, probabilmente il fattore o il proprietario dell'oliveto, si avvicina al gruppo e si rivolge a Giovanni, in tono familiare.

"Giovanni, ci sono due uomini che aspettano il tuo amico."

"Dove sono? Chi sono? "

"Non lo so. Uno è certamente un Giudeo. L'altro... non so. Non gliel'ho chiesto."

"Dove sono?"

"In cucina, che aspettano, e... e... sì... c'è un altro uomo tutto pieno di piaghe. L'ho fatto rimanere laggiù, perché temo che possa essere un lebbroso. Dice che vuol vedere il Profeta Che ha parlato nel Tempio."

Gesù, che è rimasto in silenzio, dice: "Andiamo prima da lui. Dì agli altri di venire, se lo desiderano. Parlerò con loro lì, nell'oliveto." E si dirige verso il posto indicato dall'uomo.

"E noi? Cosa facciamo? " Chiede Pietro.

"Venite, se volete."

Un uomo, imbacuccato, è poggiato al muro rustico di sostegno della terrazza più vicina al confine della proprietà. Deve averlo raggiunto da un sentiero lungo il torrente. Quando vede Gesù avvicinarglisi, urla: "Torna indietro. Indietro! Abbi misericordia di me!" E si denuda il petto lasciando cadere la sua tunica sul terreno. Il suo volto è ricoperto di croste ma il suo torace è un'enorme piaga che in alcuni punti ha dato luogo a profonde ferite, alcune delle quali sembrano bruciature mentre altre sono bianchicce e lucide, come se fossero coperte da un sottile pannello di vetro bianco.

"Sei un lebbroso? Cosa vuoi da Me? "

"Non maledirmi! Non lapidarmi. Mi è stato detto che l'altra sera Tu Ti sei rivelato come la Voce di Dio e il Portatore della Grazia. Mi è anche stato detto che hai assicurato che elevando il Tuo Segno,

Tu curerai tutte le malattie. Ti prego di elevarlo su di me. Sono venuto dai sepolcri... laggiù... ho strisciato come un serpente tra i cespugli accanto al torrente per arrivare qui senza essere visto. Ho aspettato fino a sera prima di partire perché al crepuscolo è più difficile vedere chi sono. Ho avuto il coraggio... ho trovato quest'uomo, l'uomo della casa, è buono. Non mi ha ucciso. Ha solo detto: 'Aspetta laggiù, accanto al muretto.'" Abbi misericordia di me."

Gesù si avvicina al lebbroso ma i sei discepoli assieme al padrone e i due sconosciuti rimangono ben lontani e appaiono disgustati.

"Non ti avvicinare. Non farlo! Sono infetto!" Urla il lebbroso, ma Gesù si avvicina ancora di più. Guarda il lebbroso con tanta misericordia che l'uomo comincia a piangere e inginocchiandosi fin quasi a toccare terra con il volto, egli geme: "Il Tuo Segno! Il Tuo Segno!"

"Sarà elevato quando sarà ora. Ma ora ti dico: alzati. Guarisci. Io lo voglio. E sii il segno in questa città che deve riconoscermi. Alzati dico. E non peccare, senza gratitudine per Dio!" Lentamente, l'uomo si alza, sembrando emergere dall'alta erba fiorita come da un sudario... ed è guarito. Si guarda nell'ultima luce del giorno. Ed è guarito. Egli urla:

"Sono puro! Oh! Cosa posso fare per Te ora?"

"Devi obbedire alla Legge. Va' dal sacerdote. Sii buono in futuro. Vai."

L'uomo è sul punto di gettarsi ai piedi di Gesù, ma ricordandosi di non essere ancora puro secondo la Legge, si trattiene e invece Gli bacia la mano, lancia un bacio a Gesù e piange. Piange dalla gioia.

Gli altri sono ammutoliti.

Gesù si allontana dall'uomo guarito e li ridesta sorridendo. "Amici, era solo lebbra della carne. Ma voi vedrete la lebbra dei cuori. Siete voi che mi cercavate? " Chiede ai due sconosciuti... "Eccomi. Chi siete?"

"Ti abbiamo sentito l'altra sera... nel Tempio. Ti abbiamo cercato in città. Un uomo, che ha detto di essere un Tuo parente, ci ha detto che eri qui."

"Perché mi cercate?"

"Per seguirti, se ce lo permetterai, perché Tu hai parole di verità."

"Seguirmi? Ma voi sapete dove sto andando?"

"No, Maestro, ma certamente verso la gloria."

"Sì. Ma non una gloria di questo mondo. Sto andando verso una gloria che è nel Paradiso e che si conquista con la virtù e il sacrificio. Perché volete seguirmi?" Chiede loro ancora.

"Per prendere parte alla Tua gloria."

"Secondo il Paradiso?"

"Sì, secondo il Paradiso."

"Non tutti sono in grado di arrivarci perché Mammona tende più insidie a coloro che anelano al Paradiso che agli altri. E solo chi ha una gran forza di volontà può resistere. Perché seguirmi, se seguirmi significherà una continua lotta contro il nemico che è dentro di noi, contro il mondo ostile, e contro il Nemico che è Satana?"

"Perché questo è il desiderio delle nostre anime, che sono state conquistate da Te. Tu sei santo e potente. Vogliamo essere Tuoi amici."

"Amici!" Gesù è silenzioso e sospira. Poi guarda colui che ha parlato e che ora si è tolto il cappuccio dalla testa, ed è a capo scoperto. "Chi sei tu? Parli meglio di un uomo del popolo."

"Sono Giuda, il figlio di Simone. Vengo da Kariot. Ma sono del Tempio. Aspetto e sogno il Re degli

Ebrei. Ti ho sentito parlare come un re. Ho visto i Tuoi gesti regali. Portami con Te."

"Portarti? Ora? Subito? No."

"Perché no, Maestro?"

"Perché è meglio esaminare attentamente noi stessi prima di avventurarci in strade molto ripide."

"Non credi che io sia sincero?"

"Lo hai detto tu. Io credo nella tua impulsività. Ma non credo nella tua perseveranza. Pensaci, Giuda. Io sto partendo ora e tornerò per la Pentecoste. Se sarai al Tempio, Mi vedrai. Esamina te stesso. E tu chi sei? "

"Sono un altro che Ti ha visto. Vorrei seguirti. Ma ora sono spaventato. "

"No. La presunzione rovina la gente. La paura può essere un impedimento, ma è un aiuto quando deriva dall'umiltà. Non aver paura. Pensaci anche tu, e quando tornerò..."

"Maestro, Tu sei così santo! Io ho paura di non essere valido. Niente altro. Perché non dubito del mio amore..."

"Qual è il tuo nome?"

"Tommaso, di Didimo. "

"Mi ricorderò il tuo nome. Andate in pace."

Gesù si congeda da loro e si reca nella casa che lo ospita per la cena.

I sei discepoli con Lui vogliono sapere molte cose. "Perché, Maestro, perché li hai trattati in maniera diversa? Perché c'era una differenza. Entrambi avevano la stessa impulsività..." Chiede Giovanni.

"Amico, la stessa impulsività può avere un sapore differente e avere un diverso effetto. Entrambi avevano certamente la stessa impulsività. Ma non avevano lo stesso obiettivo. E colui che appare meno perfetto è, in realtà, più perfetto, perché non ha incentivo verso la gloria umana. Lui Mi ama perché Mi ama. "

"E così anch'io."

"E anch'io. ", "Ed io.", "Ed io.", "Ed io.", "Ed io."

"Lo so. Vi conosco per come siete. "

"Allora siamo perfetti? "

"Oh! No! Ma, come Tommaso, diventerete perfetti se sarete perseveranti nel vostro desiderio di amare. Perfetti?! Oh! Amici! E chi è perfetto all'infuori di Dio? "

"Tu lo sei! "

"Io vi dico solennemente che non sono perfetto da solo, se pensate che Io sia un profeta. Nessun uomo è perfetto. Ma Io sono perfetto perché Colui che vi parla è la Parola del Padre: parte di Dio. Il Suo pensiero che diventa Parola. Io ho la Perfezione dentro di Me. E voi dovete credere che Io sia tale se credete che Io sia la Parola del Padre. Tuttavia, amici, Io voglio essere chiamato il Figlio dell'uomo perché Io mi abbasso caricando su Me stesso tutte le miserie dell'uomo, per sopportarle come mio primo patibolo, e cancellarle, dopo averle sopportate, senza soffrire Io stesso per esse. Quale fardello, amici! Ma lo porto con gioia. E' una gioia per portarlo, perché, poiché sono il Figlio dell'umanità, Io renderò ancora volta l'umanità figlia di Dio. Com'era nel principio. "

Gesù parla con molta gentilezza, seduto al modesto tavolo, gesticolando con calma con le mani sul tavolo, la testa leggermente inclinata da un lato, il volto illuminato dal basso da una piccola lampada a olio posta sul tavolo. Sorride gentilmente, Egli Che, poco prima, è stato un Maestro così solenne nel suo portamento, è ora amichevole nei Suoi gesti. I Suoi discepoli Lo ascoltano da vicino.

"Maestro... perché Tuo cugino non è venuto, sebbene sappia dove vivi?"

"Mio Pietro!... Tu sarai una delle Mie pietre, la prima. Ma non tutte le pietre possono essere facilmente adoperate. Hai visto i blocchi di marmo nell'edificio Pretorio? Con dura fatica essi furono tirati via dal cuore del fianco della montagna, ed ora sono parte del Pretorio. Guarda invece quelle pietre laggiù che risplendono al chiaro di luna, nell'acqua del Cedron. Sono arrivate da sole nel letto del fiume, e se qualcuno vuol prenderle, esse non oppongono alcuna resistenza. Mio cugino è come le prime pietre di cui parlo... Il cuore del fianco della montagna: la sua famiglia lo contende con me. "

"Ma io voglio essere esattamente come le pietre nel torrente. Sono piuttosto preparato a lasciare tutto per Te: casa, moglie, pesca, fratelli. Tutto, Rabbino, per Te. "

"Lo so, Pietro. E' per questo che ti voglio bene. Anche Giuda verrà. "

"Chi? Giuda di Kariot? Non mi importa di lui. E' un giovane vanesio, ma... Io preferisco... Personalmente preferisco..." Tutti ridono all'affermazione spiritosa di Pietro. "... Non c'è proprio nulla da ridere. Voglio dire che preferisco un Galileo sincero, un rozzo pescatore, ma senza alcun inganno per... per i cittadini che... non so... ecco: il Maestro sa cosa intendo. "

"Sì, lo so. Ma non giudicare. Abbiamo bisogno ognuno dell'altro, in questo mondo; i buoni sono misti ai cattivi, proprio come fiori in un campo. La cicuta cresce accanto alla salutare malva. "

"Vorrei chiedere una cosa..."

"Cosa, Andrea? "

"Giovanni mi ha detto del miracolo che hai fatto a Cana... speravamo tanto che ne avresti fatto uno a Cafarnao... e Tu hai detto che non farai alcun miracolo prima di adempiere alla Legge. Perché Cana allora? E perché non nella tua terra natia? "

"Obbedire alla Legge è essere unito a Dio e ciò aumenta le nostre capacità. Un miracolo è la prova dell'unione con Dio, come anche della presenza benevola e consenziente di Dio. Ecco perché volevo compiere il Mio dovere di Israelita, prima di cominciare la serie di miracoli. "

"Ma Tu non eri obbligato a obbedire alla Legge. "

"Perché? Come Figlio di Dio, non lo ero. Ma come figlio della Legge, sì, lo ero. Per il momento, Israele Mi conosce solo in quanto tale... e, anche dopo, quasi tutti in Israele Mi conosceranno come tale, anzi, anche meno. Ma io non voglio scandalizzare Israele e pertanto obbedisco alla Legge. "

"Tu sei santo. "

"La santità non esclude l'obbedienza. Né rende l'obbedienza perfetta. Al di là di tutto il resto, c'è un buon esempio da dare. Cosa diresti di un padre, di un fratello maggiore, di un insegnante, di un sacerdote che non abbiano dato il buon esempio? "

"E per quanto riguarda Cana? "

"Cana era per far felice Mia Madre. Cana è l'anticipo dovuto a Mia Madre. Ella anticipa la Grazia. Qui Io onoro la Città Santa, rendendola, pubblicamente, il punto di partenza del Mio potere di Messia. Ma lì, a Cana, io ho reso onore alla Santa Madre di Dio, Piena di Grazia. Il mondo Mi ha ricevuto attraverso di Lei. E' semplicemente giusto che il Mio primo miracolo nel mondo sia per Lei. "

Si sente bussare alla porta, poi Tommaso, di ritorno, entra e si getta ai piedi di Gesù.

Maestro... non posso aspettare il Tuo ritorno. Lasciami venire con Te. Sono pieno di colpe, ma ho il mio amore, il mio unico vero grande tesoro. E' Tuo, è per Te. Lasciami venire, Maestro..."

Gesù posa la mano sulla testa di Tommaso. "Puoi restare, Didimo. Seguimi. Siano benedetti coloro che sono sinceri e perseveranti nella loro volontà. Siete tutti benedetti. Siete più che parenti per Me, perché voi siete Miei figli e Miei fratelli, non di sangue, che muore, ma per la volontà di Dio e per i vostri desideri spirituali. Ora vi dico che non ho parenti più stretti di coloro che compiono la volontà di Mio Padre, e voi lo fate perché ciò che volete è bene. "

L'Iscariota Incontra Gesù Al Getsemani E Viene Accettato Come Discepolo.

E' sera, si fa buio e la luce del giorno si affievolisce sempre più nel fitto oliveto dove Gesù, da solo, è seduto su una delle piccole terrazze di terra, nella Sua postura familiare; i gomiti sulle ginocchia, gli avambracci in avanti e le mani giunte. Si è tolto il mantello come se avesse caldo, e la sua bianca tunica risalta sul verde circostante, reso ancora più scuro dal tramonto.

Un uomo si avvicina attraverso gli ulivi e sembra cercare qualcosa o qualcuno. E' alto e i suoi indumenti sono appariscenti: di una tonalità giallo-rosa che rende vistoso il suo ampio mantello, adorno com'è di frange dondolanti. Il suoi volto è in qualche modo oscurato dalla flebile luce e dalla distanza, e anche perché il bordo del suo mantello copre parte del suo volto. Quando vede Gesù, fa un gesto come per dire: "Eccolo Lì! " E affretta il passo. Quando si trova a qualche metro di distanza, Lo saluta: "Salve, Maestro! "

Gesù si volta improvvisamente e guarda in alto, perché l'uomo è in piedi sulla terrazza accanto, che si trova più in alto. Gesù lo guarda, con un'espressione seria e anche triste. L'uomo ripete: "Salute, Maestro. Sono Giuda di Kariot. Non mi riconosci? Non ricordi? "

Mi ricordo e ti riconosco. Hai parlato con me qui con Tommaso, nell'ultima Pasqua. "

"E Tu mi ha detto: 'Pensaci e prendi una decisione prima che Io ritorni.' Ho deciso. Verrò. "

"Perché vieni, Giuda?" Gesù è davvero triste.

"Perché... L'ultima volta Ti ho detto perché. Perché sogno il Regno di Israele e Ti vedo come re."

"E' per questo che vieni? "

"Sì. Metterò me stesso e tutto ciò che possiedo: capacità, conoscenze, amici e fatica al Tuo servizio e al servizio della Tua missione di ricostruire Israele. "

I due, ora vicini, faccia a faccia, si guardano; Gesù è serio e malinconico. Giuda, esaltato dal suo sogno, è sorridente, di bell'aspetto, giovane, brillante e ambizioso.

"Io non ti ho cercato, Giuda. "

"Lo so. Ma io ho cercato Te. Per giorni e giorni ho messo alla porta gente che mi avvisava del Tuo arrivo. Pensavo che saresti arrivato con dei seguaci e pertanto sarebbe stato facile notarti. Invece... ho capito che Tu eri stato qui, perché un gruppo di pellegrini Ti benediceva perché avevi curato un uomo malato. Ma nessuno era in grado di dirmi dov'eri. Poi ho ricordato questo posto. E sono venuto. Se non Ti avessi trovato qui, mi sarei rassegnato a non trovarti mai più..."

"Pensi che sia una cosa positiva per te, il fatto che tu Mi abbia trovato?"

"Sì, perché Ti stavo cercando. Desideravo Te, voglio Te. "

"Perché? Perché Mi cercavi?" "

"Ma te l'ho detto, Maestro! Non hai capito?"

"Ti ho capito. Sì. Ma voglio anche che Tu capisca Me prima di seguirmi. Vieni. Camminiamo e parliamo. " E cominciano a camminare, l'uno accanto all'altro, su e giù per i sentieri che si incrociano nell'oliveto. "Tu vuoi seguirmi per una ragione umana, Giuda. Ma io devo dissuaderti. Non sono venuto per quello. "

"Ma non sei Tu il Re designato degli Ebrei? Colui di cui parlavano i Profeti? Altri sono venuti. Ma a loro mancavano tante cose e sono caduti come foglie non più sorrette dal vento. Ma Tu hai Dio con Te, infatti Tu operi miracoli. Dove si trova Dio, il successo della missione è garantito. "

"Tu hai detto il vero. Ho Dio con Me. Io sono la Sua Parola. Sono stato profetizzato dai Profeti, promesso ai Patriarchi, atteso dal popolo. Ma perché, Israele, sei diventato talmente cieco e sordo da non essere più in grado di leggere e vedere, ascoltare e capire la realtà degli eventi? Il Mio Regno non fa parte di questo mondo, Giuda. Permetti a te stesso di convincerti di questo. Sono venuto a Israele per portare Luce e Gloria. Ma non la luce e la gloria della terra. Sono venuto a chiamare i giusti di Israele al Regno. Perché è da Israele che verrà la pianta della vita eterna, e con Israele si formerà la pianta, la cui linfa sarà il Sangue del Signore, la pianta che si diffonderà in tutta la terra, fino alla fine del mondo. I Miei primi seguaci verranno da Israele. I Miei primi confessori verranno da Israele. Ma anche i Miei persecutori verranno da Israele. Anche i Miei carnefici verranno da Israele. E anche il Mio traditore verrà da Israele..."

"No, Maestro. Non accadrà mai. Se tutti dovessero tradirti, io resterò con Te e Ti difenderò."

"Tu, Giuda? E su che cosa fondi la tua certezza?"

"Sul mio onore di uomo."

"Che è più fragile di una ragnatela, Giuda. E' a Dio che dobbiamo chiedere la forza di essere onesti e fedeli. L'uomo!... L'uomo compie le imprese umane. Per compiere le imprese spirituali - e per seguire il Messia con sincerità e giustizia è un'impresa spirituale - è necessario uccidere l'uomo e farlo rinascere. Sei capace di tanto?"

"Sì, Maestro. E in ogni caso... Non tutti in Israele Ti ameranno. Ma Israele non darà al Messia carnefici e traditori. Israele Ti attende da secoli! "

"Ne avrò. Ricorda i Profeti... le loro parole... e la loro fine. Sono destinato a deludere molti. E tu sei uno di loro. Giuda, tu hai qui di fronte a te un mite, pacifico uomo povero, che desidera rimanere povero. Non sono venuto a impormi e a combattere una guerra. Non mi scontrerò con i forti e i potenti per alcun regno o potere. Io combatto solo con Satana per le anime e sono venuto a spezzare le catene di Satana con il fuoco del Mio amore. Sono venuto a insegnare la misericordia, il sacrificio, l'umiltà, la continenza. Io dico a te e a tutti: 'Non desiderate la ricchezza umana, ma lavorate per le ricompense eterne.' Tu inganni te stesso se pensi che io trionferò su Roma e sulle classi dominanti. Erode e Cesare possono dormire sonni tranquilli, mentre Io parlo alle folle. Non sono venuto a sottrarre lo scettro a nessuno... e il Mio scettro eterno è già pronto, ma nessuno, se non è pieno di amore come lo sono Io, vorrebbe tenerlo. Vai, Giuda, e rifletti..."

"Mi stai rifiutando, Maestro?"

"Io non rifiuto nessuno, perché chi rifiuta non ama. Ma dimmi, Giuda: come descriveresti il gesto di un uomo che, sapendo di essere infetto da una malattia contagiosa, dice a un altro uomo che si avvicina, inconsapevole della situazione, per bere dal suo calice? 'Attento a quello che fai?' Lo definiresti odio o amore?"

"Direi che è amore, perché egli non vuole che l'uomo, inconsapevole del pericolo, si rovini la salute."

"Bene, guarda anche il Mio gesto in maniera simile."

"Potrei rovinarmi la salute venendo con Te? No, mai."

"Tu puoi rovinare più della tua salute, perché, considera attentamente, Giuda, poco sarà addebitato a colui che è un assassino, ma crede di fare giustizia, e lo crede perché non conosce la Verità; ma molto sarà addebitato a colui che, conoscendo la verità, non solo non la segue, me ne diventa nemico."

"Io non farò questo. Prendimi, Maestro. Non puoi rifiutarmi. Se Tu sei il Salvatore e vedi che io sono un peccatore, una pecora smarrita, un cieco fuori dalla strada giusta, perché Ti rifiuti di salvarmi? Prendimi. Io Ti seguirò, anche fino alla morte..."

"Fino alla morte! Questo è vero. Poi..."

"Poi, Maestro?"

"Il futuro è nel grembo di Dio. Vai. Ci incontreremo domani alla Porta dei Pesci."

"Grazie, Maestro. Il Signore sia con Te."

"E che la Sua misericordia possa salvarti."

Gesù Compie Il Miracolo Delle Lame Spezzate Alla Porta Dei Pesci.

E' mattina presto, il sole è sorto in un bel giorno luminoso d'estate. Gesù, solo, cammina lungo una strada ombreggiata in una piccola valle tra due piccole colline - più simili a terrapieni. La collina a sinistra è per la maggior parte coperta di ulivi mentre l'altra collina è più brulla con bassi mastici, acacie spinose e cespugli di agave. In queste prime ore del mattino, il posto è deserto e ad eccezione del gorgheggio degli uccelli tra gli ulivi e il malinconico tubare delle colombe selvatiche che si annidano nei crepacci della collina brulla, regna una pace assoluta. Anche il rivolo che scorre lungo il centro dell'alveo scorre silenziosamente, riflettendo tenuamente nella sua profondità il verde delle colline circostanti, che gli conferisce la sua sfumatura color smeraldo scuro.

Egli attraversa un piccolo ponte rudimentale fatto da un tronco d'albero piallato a metà e posto di traverso sul torrente, senza parapetto o altra protezione, e continua nel Suo cammino sulla riva opposta.

Da lontano emergono mura e porte, mercanti con verdure e generi alimentari si affollano vicino alle porte, ancora chiuse, in attesa di entrare in città. Ci sono asini che ragliano e schiamazzano mentre i loro padroni si azzuffano duramente. Insulti e colpi di randello sono diretti e sferrati sui dorsi degli asini e sulle teste degli uomini.

Due uomini litigano pesantemente, perché l'asino di uno di loro si è servito piuttosto generosamente dal bel cestino di lattuga dell'altro asino e ne ha mangiato una buona quantità! Forse è solo un pretesto per dare sfogo a vecchi rancori ma, da sotto le loro tuniche, che arrivano ai polpacci, tirano fuori due coltelli corti e grandi, larghi quanto una mano: corti pugnali appuntiti che scintillano al sole. Gli strilli delle donne e le urla degli uomini riempiono l'aria ma nessuno tenta di separare gli uomini che sono pronti a un rozzo duello.

Gesù, che stava camminando pensieroso, alza la testa, vede la lotta e corre in mezzo ai due:

"Fermatevi, in nome di Dio!" Egli ordina.

"No, voglio sistemare questo maledetto cane una volta per tutte!"

"E anch'io. Ti piacciono le frange? Farò una frangia per te con le tue interiora!"

I due si muovono rapidamente attorno a Gesù, spintonandolo, insultandolo per sbarazzarsi di Lui, cercando di colpirsi a vicenda ma senza successo, perché Gesù, muovendo attentamente il Suo mantello, schiva i colpi e interferisce con i loro intenti. Il Suo mantello si strappa.

La gente urla: "Vieni via, Nazareno. Sarai Tu il perdente." Ma Egli non si muove e cerca di calmarli, ricordando loro Dio, invano, perché i due rivali sono accecati dalla rabbia!

Il potere del miracolo si vede irradiarsi da Gesù. Per l'ultima volta Egli grida: "Vi ordino di smetterla!"

"No! Levati. Vai via, cane di un Nazareno!"

Gesù allora distende le mani, con il Suo potente sguardo luminoso. Non dice una parola. Ma le lame cadono a pezzi sul terreno, come se fossero fatte di vetro e avessero colpito una roccia.

I due uomini guardano i corti, inutili manici rimasti nelle loro mani. Lo stupore spegne la collera. La folla sbigottita urla.

"E adesso?" Chiede Gesù, con severità. "Dov'è la vostra forza?"

Anche i soldati al cancello, attratti dalle ultime grida, accorrono alla scena e guardano sorpresi, ed uno si piega a raccogliere i frammenti delle lame e li prova sulle sue unghie, non credendo che siano fatti di acciaio.

"E adesso? " Ripete Gesù. "Dov'è la vostra forza? Su che cosa avevate fondato il vostro diritto?" Su quei pezzi di metallo che ora giacciono sulla polvere? Su quelle schegge di metallo che non hanno altra forza se non indurvi a un peccato d'ira verso un vostro fratello, privandovi così di tutte le benedizioni di Dio e di conseguenza di tutta la forza? Oh! Quanto sono miserabili coloro che si affidano a mezzi umani per vincere, e non si accorgono che è la santità e non la violenza che li renderà vincitori sia sulla terra che al di là di essa! Perché Dio è con i giusti.

Ascolta, popolo di Israele, e voi, soldati di Roma. La Parola di Dio parla a tutti i figli dell'uomo, e il Figlio dell'uomo non respingerà i Gentili. Il secondo comandamento del Signore è un comandamento di amore per il nostro prossimo. Dio è buono e vuole la buona volontà dei Suoi figli. Chi non è disposto favorevolmente verso il suo prossimo, non può considerarsi un figlio di Dio, né può avere Dio dentro di sé. L'uomo non è un animale senza ragione che rincorre e morde una preda.

L'uomo possiede ragione e un'anima. Con la ragione deve comportarsi da uomo. Con l'anima deve comportarsi da santo. Chi si comporta in maniera diversa, si abbassa al si sotto degli animali; si piega ad abbracciare i demoni perché un'anima diviene dannata per il peccato d'ira.

Amore. Non dico nient'altro. Amate il vostro prossimo come prescrive il Signore Dio di Israele. Non siate sempre della stirpe di Caino. E perché siete così? Per poche monete, voi che avreste potuto diventare assassini. Per qualche palmo di terra. Per un posto migliore. Per una donna. Cosa sono queste cose? Sono eterne? No. Durano meno di una vita, che dura un istante dell'eternità. E cosa perdete se le seguite? La pace eterna promessa ai giusti, e con cui il Messia vi porterà nel Suo Regno. Venite sulla via della Verità. Seguite la Voce di Dio. Amatevi l'un l'altro. Siate onesti. Siate moderati. Siate umili e leali. Andate e meditate."

"Chi sei Tu che esprimi tali parole e spezzi le lame con la tua forza di volontà? Solo Uno può fare tali cose: il Messia. Nemmeno Giovanni il Battista è più grande di Lui. Sei forse Tu il Messia?" Tre o quattro persone Gli chiedono.

"Sì, lo sono."

"Tu? Sei Tu Colui che cura i malati e predica Dio in Galilea?"

"Sono io."

"Ho una madre anziana che sta morendo. Curala!"

"Ed io, vedi? Sto perdendo tutta la mia forza a causa dei miei dolori. I miei figli sono ancora giovani. Curami!"

"Andate a casa. Tua madre stasera ti preparerà la cena; e tu: guarisci. Lo voglio!" La folla strepita di gioia. Poi chiedono: "Il Tuo Nome! Il Tuo Nome!"

"Gesù di Nazaret."

"Gesù! Gesù! Osanna! Osanna!"

La folla è in giubilo. Gli asini ora possono fare ciò che vogliono; nessuno presta loro attenzione. Le madri corrono fuori dalla città poiché la notizia si è rapidamente diffusa e sollevano i loro piccoli. Gesù benedice e sorride. E cerca di farsi strada attraverso la folla acclamante per entrare nella città e continuare nel Suo cammino, ma la folla non lo ascolta. "Resta con noi! In Giudea! In Giudea! Anche noi siamo figli di Abramo!" Urlano.

"Maestro!" Giuda corre verso di Lui. "Maestro, sei arrivato prima di me. Ma cosa succede?"

"Il Rabbino ha fatto un miracolo! Non in Galilea; qui! Lo vogliamo qui!"

"Vedi, Maestro? Tutta Israele Ti ama. Ed è semplicemente giusto che Tu rimanga qui. Perché non vuoi restare?"

"Non è che Io non voglia, Giuda. Sono venuto qui da solo, in modo che la rudezza dei discepoli della Galilea non potesse irritare la sottigliezza dei giudei. Voglio radunare tutte le pecore di Israele sotto lo scettro di Dio."

E' per questo che Ti ho detto: 'Prendimi'. Io sono un giudeo, e so come trattare i miei pari. Allora resterai a Gerusalemme?"

"Per qualche giorno. Per aspettare un discepolo, che è anch'egli un giudeo. Poi attraverserò la Giudea..."

"Oh! Io verrò con Te. Ti accompagnerò. Verrai al mio villaggio. Ti porterò a casa mia. Verrai, Maestro?"

"Verrò... Hai notizie del Battista, dal momento che sei un giudeo e che vivi con i potenti?"

"So che è ancora in prigione, ma vogliono liberarlo, perché le folle minacciano una rivolta, se non avranno il loro profeta. Lo conosci?"

"Sì, lo conosco."

Ti piace? Che ne pensi di lui?"

"Penso che nessuno più di lui sia stato simile a Elia. "

"Davvero lo consideri il Precursore?"

"Sì, lo è. Egli è la stella del mattino che annuncia il sole. Sono benedetti coloro che attraverso la sua predicazioni si sono preparati al Sole."

"Giovanni è molto severo."

"Non lo è con gli altri più di quanto lo sia con se stesso."

"Questo è vero. Ma è difficile seguirlo nella sua penitenza. Tu sei più gentile, ed è facile amarti."

"Eppure..."

"Eppure... cosa, Maestro? "

"Eppure, come lui è odiato per la sua austerità, Io sarò odiato per la Mia bontà, perché entrambe predicano Dio, e Dio non piace ai malvagi. Ma così dev'essere. Così come Mi precede nella predicazione, Mi precederà nella morte. Guai agli assassini della Penitenza e della Bontà."

"Perché, Maestro, hai sempre queste tristi previsioni? Le folle Ti amano. Hai visto..."

"Perché ne sono sicuro. La gente umile Mi ama. Ma non tutta la folla è umile e fatta di gente umile. Ma non sono triste. E' una visione Placida del futuro e dell'obbedienza alla volontà del Padre, Che Mi ha inviato per questo. E per questo sono venuto. Eccoci al Tempio. Andrò al Bet Midrash** per insegnare alle folle. Se vuoi, puoi rimanere. "

"Resterò con Te. C'è solo una cosa che desidero: servirti e farti trionfare. "

**Bet Midrash è la parte del Tempio dove i dottori insegnano ai discepoli.

Gesù predica nel Tempio. Giuda Iscariota è con Lui.

Gesù cammina all'interno del Tempio con Giuda accanto a sé. Attraversano la prima terrazza e si fermano in una veranda lungo un ampio cortile pavimentato di marmo multicolore. Il cortile è magnifico e pieno di gente.

Gesù si guarda intorno cercando un punto, ne vede uno che Gli piace ma prima di dirigersi verso di esso, dice a Giuda: "Chiamami l'ufficiale del posto. Devo farmi conoscere, in modo che nessuno possa dire che infrango i costumi e manco di rispetto."

"Maestro, Tu sei al di sopra dei costumi e nessuno più di Te ha diritto di parlare nella Casa di Dio, poiché Tu sei il Suo Messia."

"Lo so, lo so, ma loro non lo sanno. Non sono venuto per scandalizzare o per insegnare alla gente a infrangere non solo la Legge ma anche i costumi. Al contrario, sono venuto a insegnare il rispetto, l'umiltà e l'obbedienza e a eliminare gli scandali. Per questo voglio chiedere il permesso di parlare in nome di Dio, facendo in modo che l'ufficiale del posto Mi riconosca come degno di ciò."

"Non l'hai fatto l'ultima volta."

L'ultima volta ero infiammato dallo zelo per la Casa di Dio, profanata da troppe cose. L'ultima volta ero il Figlio del Padre, l'Erede Che nel nome del Padre e per l'amore della Mia Casa, ha agito nella Sua maestà, che è al di sopra degli ufficiali e dei sacerdoti. Ora sono il Maestro di Israele, e insegno anche questo ad Israele. Dopo tutto, Giuda, pensi che un discepolo sia superiore al Suo Maestro?"

"No, Gesù."

E tu chi sei? E io chi sono?"

"Tu sei il Maestro, io il discepolo."

"Bene allora, se ammetti ciò, perché vuoi insegnare al tuo Maestro? Vai e obbedisci. Io obbedisco a Mio Padre, tu devi obbedire al tuo Maestro. La prima condizione del Figlio di Dio: obbedire senza discutere gli ordini, sapendo che il Padre può dare solo ordini santi. La prima condizione del discepolo: obbedire al suo Maestro, sapendo che il Maestro sa e può dare solo ordini giusti."

"E' vero. Perdonami. Obbedirò."

"Ti perdono. Vai. E, Giuda, ascolta un'ultima cosa: ricordatelo. Tienilo sempre a mente in futuro."

"Di obbedire? Sì, lo farò."

"No, ricordati che Io sono stato rispettoso e umile verso il Tempio. Verso il Tempio: cioè, verso le caste potenti; vai. " Giuda Lo guarda, pensieroso e inquisitorio... ma non osa fargli altri domande e si allontana pensoso.

... Torna indietro con un personaggio vestito in maniera sontuosa. "Ecco, Maestro, l'ufficiale."

"La pace sia con te. Chiedo di insegnare a Israele, tra i rabbini di Israele."

"Sei un rabbino?"

"Sì."

"Chi è stato il Tuo insegnante?"

"Lo Spirito di Dio che Mi parla nella Sua saggezza e Mi illumina ogni parola delle Sacre Scritture."

"Sei più grande di Hillel, dal momento che conosci tutte le dottrine, senza un insegnante? Come può qualcuno formarsi se non c'è nessuno che lo formi?"

Come fu formato Davide, un pastorello sconosciuto, che divenne un re potente e saggio per volontà di Dio."

"Il Tuo nome?"

"Gesù di Giuseppe di Giacobbe, della Casa di Davide, e di Maria di Gioacchino della Casa di Davide, e di Anna di Aronne, Maria, la Vergine sposata al Tempio dal Sommo Sacerdote, secondo la legge di Israele, perché era un'orfana."

"Chi può provarlo?"

"Deve esserci ancora qualche levita qui che ricorderà l'evento e che aveva la stessa età di Zaccaria della classe di Abia, Mio parente. Chiedi a loro, se dubiti della Mia sincerità."

"Io Ti credo. Ma chi mi proverà che sei in grado di insegnare?"

"Ascoltami e giudicherai da solo."

"Sei libero di farlo... Ma... non sei un Nazareno?"

"Sono nato a Betlemme di Giuda, al tempo del censimento decretato da Cesare. Banditi da ordini ingiusti, i figli di Davide ora sono ovunque. Ma la famiglia è giudea."

"Sai... i Farisei... tutta la Giudea... attraverso la Galilea..."

"Lo so. Ma sta' tranquillo. Sono nato a Betlemme, a Betlemme Efrata, da cui proviene la Mia famiglia; se ora vivo in Galilea, è solo per seguire il segno che Mi è stato dato..."

L'ufficiale si allontana di qualche metro, affrettandosi verso il punto in cui l'hanno chiamato. Giuda chiede: "Perché non hai detto che sei il Messia?"

"Le mie parole lo diranno."

"Qual è il segno da seguire?"

"L'unione di Israele sono l'insegnamento della parola di Cristo. Io sono il Pastore di Cui parlano i Profeti e sono venuto a radunare le pecore di ogni regione, sono venuto a curare quelle malate e a porre quelle smarrite su un buon pascolo. Non esiste Giudea o Galilea, né Decapoli né Idumea per Me. Esiste solo una cosa: l'amore che vede con un solo sguardo e unisce in un unico abbraccio per salvare..." Gesù è ispirato. Raggi di luce sembrano sprigionarsi da Lui, per quanto sorride felicemente al Suo sogno. Giuda, colpito, Lo guarda.

Della gente curiosa si avvicina a loro, attratta, affascinata e colpita dalla differenza nella loro magnificenza. Gesù abbassa la testa e sorride al piccolo gruppo con un sorriso la cui dolcezza nessun pittore sarà mai in grado di ritrarre e nessun credente che non l'abbia vista, sarà mai in grado di immaginare. E dice: "Venite, se siete ansiosi di ascoltare parole eterne."

Va verso l'arco della veranda e, appoggiandosi a una colonna, comincia a parlare, prendendo l'evento di quella mattina come punto di partenza.

"Questa mattina, entrando a Sion, ho visto due figli di Abramo che erano sul punto di uccidersi per poche monete. Avrei potuto maledirli nel nome di Dio, perché Dio dice: 'Non uccidere' ed Egli dice anche che chi non rispetta la Legge deve essere maledetto. Ma ho provato pietà per la loro ignoranza dello spirito della Legge e ho solo impedito loro di commettere omicidio, in modo che essi possano avere l'occasione di pentirsi, di conoscere Dio, di servirlo nell'obbedienza, amando non solo coloro che li amano, ma anche i loro nemici.

Sì, Israele. Un nuovo giorno sta per sorgere per voi e il comandamento dell'amore sta diventando più luminoso. Comincia con il nebbioso Ethanim o con il triste Kislev l'anno i cui giorni sono più brevi di un sogno e le notti più lunghe di una sventura? No, comincia con il fiorito, soleggiato, felice Nisan, quando tutto sorride e il cuore dell'uomo, anche del più povero e triste, si apre alla speranza, perché sta arrivando l'estate, con i suoi raccolti, il sole e i frutti, quando è dolce dormire in un campo pieno di fiori, sotto un cielo stellato, ed è facile per l'uomo nutrirsi, perché ogni zolla di terra porta erbe e frutti per soddisfare la sua fame.

Ecco, Israele. L'inverno, il tempo dell'attesa, è finito. Ecco ora la gioia della promessa che viene mantenuta. Il Pane e il Vino stanno per essere serviti per soddisfare la vostra fame e la vostra sete. Il Sole è tra di voi. Tutto respira più liberamente e ha un sapore più dolce sotto questo Sole. Anche i precetti della nostra Legge: il primo e il più santo dei santi precetti: 'Ama il tuo Dio e ama il tuo prossimo.'

Nella fioca luce che vi è stata data finora, vi è stato detto: 'Amate coloro che vi amano e odiate i vostri nemici': non avreste potuto fare di meglio, perché la collera di Dio pesava ancora su di voi, a causa del peccato di discordia di Adamo. E il vostro nemico non era solo chi aveva attraversato i confini della vostra terra natia, ma anche chi vi ha fatto del male personalmente o che pensavate ne avesse fatto. L'odio, quindi, covava in ogni cuore, perché quale uomo, intenzionalmente o non intenzionalmente, non offende suo fratello? E quale uomo raggiunge un'età matura senza ricevere offesa?

Io vi dico: amate anche coloro che vi offendono. Fatelo, considerando che Adamo, ed ogni uomo attraverso di lui, è un peccatore verso Dio, e non c'è nessuno che possa dire: 'Io non ho offeso Dio'. Tuttavia, Dio perdona, Egli perdona non solo una volta, ma dozzine di volte, Egli perdona migliaia di volte, come dimostra il fatto che l'uomo esiste ancora sulla terra. Perdonate dunque, come Dio perdona.

E se non potete farlo per amore del fratello che vi ha offeso, fatelo per l'amore di Dio, Che vi dona il pane e la vita, Che vi protegge nelle vostre necessità terrene, e ha predisposto tutti gli eventi per procurarvi la pace eterna nel Suo grembo. Questa è la nuova legge, la legge della primavera di Dio, del tempio fiorito della Grazia tra gli uomini, del tempio che vi porterà un Frutto impareggiabile che aprirà per voi le porte del Paradiso.

La voce che parlò nel deserto non si sente più. Ma non è muta. Parla ancora a Dio per conto di Israele e parla ancora ad ogni israelita con un cuore onesto e dice: 'L'Agnello di Dio, Che toglie i peccati del mondo, Che battezzerà con il fuoco dello Spirito Santo è tra di voi. Egli pulirà il Suo suolo per la trebbia e raccoglierà il Suo grano.' - dopo avervi insegnato a fare penitenza per preparare le strade per il Signore che sta arrivando, e per essere caritatevoli donando ciò che è in eccesso a coloro a cui manca ciò che è necessario, e per essere onesti senza estorcere o vessare.

Sforzatevi di riconoscere Colui Che il Precursore vi indica. La sua sofferenza sta implorando Dio di illuminarvi. Vedete. Che i vostri occhi spirituali siano aperti. Riconoscerete la Luce che sta arrivando. Io raccolgo la voce del Profeta che annuncia il Messia, e con il potere che ricevo dal Padre, la amplifico e aggiungo ad essa la Mia autorità e vi chiamo alla verità della Legge. Preparate i vostri cuori alla grazia della Redenzione in arrivo. Il Redentore è tra voi. Benedetti coloro che saranno meritevoli di essere redenti, perché sono uomini di buona volontà. La pace sia con voi."

Qualcuno chiede: "Sei un discepolo del Battista, visto che parli di lui con una tale venerazione?"

"Sono stato battezzato da lui, sulle rive del Giordano, prima che fosse imprigionato. Lo venero perché è santo agli occhi di Dio. Io vi dico solennemente che tra i figli di Abramo non c'è nessuno più grande di lui nella grazia. Dalla sua nascita alla sua morte, gli occhi di Dio si fermeranno su quell'uomo benedetto, senza alcun sentimento di sdegno."

"Ti ha dato qualche garanzia sul Messia?"

"La sua parola, che non mente, ha indicato il Messia vivente a coloro che erano presenti."

"Dove? Quando?"

"Quando è stato il momento di farlo."

Ma Giuda si sente in obbligo di dire a tutti: "Il Messia è Colui che Vi sta parlando. Io lo dichiaro, perché Lo conosco, e sono il Suo primo discepolo."

"Lui!... Oh!... " La gente si allontana spaventata. Ma Gesù è così dolce che si riuniscono di nuovo attorno a Lui.

"Chiedetegli di fare qualche miracolo. E' potente. Può curare. Può leggere nei vostri cuori. Può rispondere a tutte le vostre domande."

"Digli, per me, che non sto bene. Il mio occhio destro è cieco. Il sinistro sta già venendo meno..."

"Maestro."

Gesù, che sta accarezzando una bambina, si volta.

"Maestro, quest'uomo è quasi cieco e vuole vedere. Gli ho detto che Tu puoi..."

"Io posso guarire chi ha fede. Hai fede, buonuomo?"

"Io credo nel Dio di Israele. Sono venuto qui per entrare nella Piscina di Betzaeta. Ma c'è sempre qualcuno prima di me."

"Puoi credermi?"

"Se credo nell'angelo della piscina, non dovrei credere in Te, Che il Tuo discepolo chiama il Messia?"

Gesù sorride. Si bagna le dita di saliva e tocca leggermente l'occhio malato. "Cosa vedi?"

"Vedo le cose senza la nebbia che vedevo. Non curi l'altro?"

Gesù sorride di nuovo. Ripete l'operazione sull'occhio cieco. "Cosa vedi?" Chiede, togliendo la punta del dito dalla palpebra chiusa.

"Ah! Signore di Israele! Riesco vedere bene come quando ero un ragazzino, correndo nei prati! Che tu sia benedetto per sempre!" L'uomo piange, inginocchiandosi ai piedi di Gesù.

"Vai. Sii buono, ora, in gratitudine a Dio."

Un levita che è arrivato sul finire del miracolo chiede: "Su quale autorità fai queste cose?"

"Chiedi a Me? Te lo dirò, se rispondi a una domanda. Secondo te, chi è più grande, un profeta che profetizza il Messia o il Messia stesso?"

"Che domanda! Il Messia è più grande: Egli è il Redentore promesso dal Supremo!"

"Bene, allora, perché i Profeti operavano miracoli? Su quale autorità?"

"Sull'autorità conferita loro da Dio per provare alle folle che Dio era con loro."

"Bene, io opero miracoli sulla stessa autorità: Dio è con Me, Io sono con Lui. E così dimostro alla gente che ciò che dico è vero e che il Messia, con un diritto maggiore e un potere maggiore, può fare ciò che i Profeti erano in grado di fare."

Il levita si allontana pensieroso.

Gesù Insegna A Giuda Iscariota.

Gesù e Giuda hanno appena finito di pregare nel Tempio, nell'area più vicina al Luogo Santissimo, dove gli uomini ebrei pregano.

Giuda vorrebbe rimanere con Gesù ma il Maestro obietta: "Giuda, voglio restare solo di notte. Di notte, il mio spirito riceve nutrimento dal Padre. Preghiera, meditazione e solitudine sono per Me più necessari del cibo materiale. Chi intende vivere per lo spirito e condurre gli altri a vivere la stessa vita, non deve badare alla carne, anzi, Io direi: uccidila, per dedicare tutta la sua attenzione allo spirito. Tutti devono fare questo, lo sai Giuda. Anche tu, se vuoi davvero appartenere a Dio, cioè al soprannaturale."

"Ma noi siamo ancora sulla terra, Maestro. Come possiamo tralasciare la carne e prenderci cura solo dello spirito? Non è quello che dici in antitesi con il comandamento di Dio: 'Non uccidere?' Il comandamento non vieta anche il suicidio? Se la vita è un dono di Dio, dobbiamo amarla o no?"

"Non ti risponderò come risponderei a un uomo semplice, per il quale è sufficiente elevare la sua anima o la sua mente alle sfere soprannaturali, per portarlo con noi in volo nei regni spirituali. Tu non sei una persona semplice. Sei Stato formato in un ambiente che ti ha raffinato... e ti ha anche danneggiato con i suoi cavilli e le sue dottrine. Ti ricordi Salomone, Giuda? Egli era saggio, l'uomo più saggio di quei tempi. Ti ricordi cosa disse, dopo aver acquisito tutta la conoscenza? 'Vanità di vanità, tutto è vanità. Aver timore di Dio e osservare i Suoi comandamenti, è tutto ciò che conta per l'uomo.' Ora ti dico che è necessario conoscere per avere nutrimento, ma non veleno, dal cibo. E se sappiamo che un cibo è cattivo per noi, perché non è salutare e pertanto ci fa male, non dobbiamo più assumere quel cibo, anche se è piacevole al nostro gusto. Del semplice pane e acqua dalla fonte sono migliori dei piatti sofisticati della tavola del re, che contengono droghe che turbano e avvelenano."

"Cosa devo lasciare, Maestro?"

"Tutto ciò che sai che crea in te turbamento. Perché Dio è pace e se vuoi seguire il cammino di Dio, devi purificare la tua mente, il tuo cuore e la tua carne da tutto ciò che non ti dà pace e che ti provoca ansia. So che è difficile cambiare il proprio stile di vita. Ma Io sono qui per aiutarti. Sono qui per aiutare l'uomo a ridiventare il figlio di Dio, per ricrearlo per mezzo di una nuova creazione, di un'auto-genesi voluta dall'uomo stesso. Ma lasciami rispondere alla tua domanda, in modo che tu non possa dire di essere stato lasciato in errore per una Mia mancanza. E' vero che uccidere se stessi è la stessa cosa che uccidere altra gente. Sia la nostra vita che quella dell'altra gente sono il dono di Dio e solo Dio, Che dona la vita, ha l'autorità di toglierla. Chi uccide se stesso, confessa il proprio orgoglio, e l'orgoglio è odiato da Dio."

"Confessa il suo orgoglio? Io direi la sua disperazione."

"E cos'altro è la disperazione se non orgoglio? Ti basti pensare, Giuda. Perché uno si dispera? O perché le sventure lo hanno continuamente turbati e vuole superarle da solo, ma è incapace di farlo. O perché è colpevole e pensa di non poter essere perdonato da Dio. In entrambi i casi, non è l'orgoglio il motivo fondamentale? L'uomo che vuol fare tutto da solo non è più abbastanza umile da allungare la mano verso il Padre e dirgli: 'Io non ne sono capace, ma Tu sì. Aiutami, perché spero e mi aspetto tutto da Te.' L'altro uomo che dice: 'Dio non può perdonarmi' dice questo perché, misurando Dio secondo i propri parametri, sa che un'altra persona non potrebbe perdonarlo, se quella persona fosse stata offesa come egli ha offeso Dio. Quindi si tratta ancora di orgoglio. Un uomo umile comprende e perdona, anche se soffre per l'offesa ricevuta. Un uomo orgoglioso non perdona. E' orgoglioso anche perché non è capace di abbassare la testa e dire: 'Padre, ho peccato, perdona il Tuo povero figlio colpevole.' Ma tu non sai, Giuda, che il Padre perdonerà tutto, se qualcuno chiede di essere perdonato con un cuore sincero, contrito, umile, che vuol rinascere a nuova vita?"

"Ma certi crimini non devono essere perdonati. Non possono essere perdonati."

"Questo è ciò che dici tu. E sarà vero solo perché l'uomo vuole che sia vero. Ma, oh! Io ti dico solennemente che, anche dopo il crimine dei crimini, se l'uomo colpevole corre ai piedi del Padre - è chiamato Padre, Giuda, proprio per quello, ed è un Padre di perfezione infinita - e piangendo, implorando Dio di essere perdonato, offrendosi di espiare, senza disperarsi, il Padre renderebbe possibile per lui espiare e così meritare il perdono e salvare la sua anima."

"Bene, allora, Tu dici che gli uomini citati dalle Scritture che uccisero se stessi, hanno sbagliato."

"Non è legale commettere violenza verso chiunque, nemmeno verso se stessi. Hanno sbagliato. Nella loro conoscenza limitata del bene, forse in certi casi, essi hanno avuto misericordia da Dio. Ma dopo che il Verbo ha chiarito la verità e ha dato forza agli spiriti con il Suo Spirito, allora chi muore di disperazione non sarà più perdonato. Né nell'istante del giudizio personale, né dopo secoli di Geenna, nel Giorno del Giudizio, mai! Si tratta di durezza da parte di Dio? No: è giustizia. Dio dirà: 'Tu, una creatura che ha ricevuto il dono della ragione e della conoscenza soprannaturale, creata libera da Me, hai deciso di seguire il percorso che hai scelto e hai detto: "Dio non mi perdonerà. Io mi sono distaccato da Lui per sempre. Io penso di dover applicare la legge da solo per il mio crimine. Abbandono la vita per sfuggire al rimorso" senza considerare che non avresti più provato rimorso se fossi venuto al Mio grembo fedele. E lascia che ti sia fatto quello che tu hai giudicato. Io non farò violenza alla libertà che ti ho donato.' Questo è ciò che il Padre Eterno dirà al suicida. Rifletti su questo, Giuda. La vita è un dono, un dono da amare. Ma di che dono si tratta? Un dono santo. Allora amalo devotamente. La vita dura finché dura la carne. Poi comincia la grande Vita, la Vita eterna. Una Vita di felicità beata per i giusti, di maledizione per gli ingiusti. La vita è uno scopo o un mezzo? E' un mezzo. Serve a uno scopo che è l'eternità. Allora diamo alla vita ciò che serve per farla durare e servire lo spirito nella sua conquista. L'esercizio dell'autocontrollo della carne in tutte le sue brame, in tutte quante. L'autocontrollo della mente in tutti i suoi desideri, in tutti quanti. L'autocontrollo del cuore in tutte le passioni umane. Infinito invece dev'essere l'ardore per le passioni paradisiache: l'amore per Dio e per il prossimo, l'obbedienza alla parola divina, l'eroismo nel bene e nella virtù. Ti ho dato la risposta, Giuda. Sei convinto? La spiegazione è soddisfacente? Sii sempre sincero, e chiedi quando non sai ancora abbastanza: sono qui per essere il tuo Maestro."

"Ho compreso ed è soddisfacente. Ma... è molto difficile fare ciò che ho compreso. Tu puoi... perché sei santo. Ma... io sono un uomo, giovane e pieno di vita..."

"Io sono venuto per gli uomini, Giuda. Non per gli angeli. Essi non hanno bisogno di un insegnante. Essi vedono Dio. Vivono nel Suo Paradiso. Non sono inconsapevoli delle passioni degli uomini, perché l'Intelligenza che è la loro Vita li rende consapevoli di tutto, anche coloro che non sono custodi degli uomini. Ma, essendo spirituali, non possono che avere un solo peccato, come uno di loro ha avuto una volta, e ha trascinato accanto a sé coloro che erano più poveri di carità: l'orgoglio, la freccia che ha sfigurato Lucifero, il più bello degli arcangeli, e lo ha trasformato nell'orrendo mostro dell'Abisso. Non sono venuto per gli angeli, che, dopo la caduta di Lucifero, sono terrorizzati anche dell'ombra di un pensiero orgoglioso. Ma sono venuto per gli uomini. Per rendere gli uomini angeli. L'uomo era la perfezione del creato. Aveva lo spirito dell'angelo e la piena bellezza dell'animale, completo di tutte le sue parti animali e morali. Non esisteva alcuna creatura uguale a lui. Era il re della terra, come Dio è il Re del Paradiso, e un giorno, quando si sarebbe addormentato per l'ultima volta sulla terra, sarebbe diventato re con il Padre in Paradiso. Satana ha strappato le ali all'uomo-angelo e le ha sostituite con gli artigli di una bestia e con un intenso desiderio di corruzione, e lo ha tentato a diventare un essere che si può meglio descrivere come un demone-uomo, piuttosto che un semplice uomo. Io voglio sradicare la deturpazione operata da Satana, ed anche il desiderio corrotto della carne contaminata. Voglio restituire all'uomo le sue ali, e renderlo ancora una volta re, coerede del Padre e del Regno Celeste. Io so che l'uomo, se lo desidera, può fare ciò che dico, per diventare ancora una volta re e angelo. Non ti direi cose che non potresti fare. Non sono uno dei retorici** che predicano dottrine impossibili. Io ho una carne reale, in modo che, attraverso l'esperienza della carne, Io possa imparare quali siano le tentazioni dell'uomo."

** Un insegnante di retorica nell'antica Grecia e Roma

"E per quanto riguarda i peccati?"

"Tutti possono essere tentati. Sono peccatori solo quelli che vogliono esserlo."

"Tu hai mai peccato, Gesù?"

"No, non ho mai voluto peccare. Non perché sono il Figlio del Padre. Ma perché volevo e voglio dimostrare all'uomo che il Figlio dell'uomo non ha peccato perché non ha voluto peccare, e che l'uomo può. se lo vuole, non peccare."

"Sei mai stato tentato?"

"Ho trent'anni, Giuda. E non ho vissuto in una caverna su una montagna. Ho vissuto tra gli uomini. E se mi fossi trovato nel posto più deserto del mondo, pensi che le tentazioni non mi avrebbero raggiunto? Abbiamo tutto dentro di noi: il bene e il male[1]. Portiamo tutto con noi. E il respiro di Dio soffia sul bene e lo ravviva come un turibolo** di santo incenso profumato. E Satana soffia sul male, alimentando così un furioso fuoco ardente. Ma la buona volontà diligente e la preghiera costante sono come sabbia bagnata sul fuoco infernale: lo soffocano e lo estinguono."

*** Un **turibolo** è un incensiere di metallo sospeso da catene, in cui l'incenso viene bruciato durante i servizi religiosi.

"Ma se non hai mai peccato, come puoi giudicare i peccatori?"

"Io sono un uomo e il Figlio di Dio. Ciò che potrei ignorare come uomo e giudicare in maniera sbagliata, lo conosco e lo giudico come Figlio di Dio. Dopo tutto!... Giuda, rispondi a questa Mia domanda. Se uno è affamato, soffrirebbe di più dicendo: 'Ora mi sederò a tavola' o dicendo: 'Non c'è cibo per me'?"

"Soffre di più se non c'è cibo, perché il semplice pensiero di non avere cibo gli ricorderà l'odore piacevole del cibo e il suo ventre sarà torturato dal desiderio mordente."

"Giusto: la tentazione è mordente come quel desiderio, Giuda. Satana la rende più intensa, più reale, più attraente di qualunque atto compiuto. Inoltre, l'atto soddisfa, e a volte nausea; mentre le tentazioni non si placano ma, come alberi potati, crescono sempre più forti."

"E Tu non hai mai ceduto?"

"No, mai."

"Come ci sei riuscito?"

"Ho detto: 'Padre, non indurmi in tentazione.'"

"Cosa? Tu, il Messia, Tu operi miracoli e chiedi aiuto a Tuo Padre?"

"Non solo chiedo aiuto: Gli chiedo di non indurmi in tentazione. Pensi che, semplicemente per Quello che sono, possa fare a meno del Padre? Oh! No! Io ti dico solennemente che il Padre concede tutto a Suo Figlio, e che il Figlio riceve tutto dal Padre. E ti dico che tutto ciò che sarà chiesto al Padre in Mio nome sarà concesso. Ma qui siamo al Getsemani, dove vivo. Puoi vedere i primi alberi oltre le mura. Tu vivi oltre Tofet. Si sta già facendo buio. Non avresti dovuto venire così lontano. Ci incontreremo domani allo stesso posto. Saluti. La pace sia con te."

"La pace sia anche con Te, Maestro... ma vorrei dirti un'altra cosa. Io verrò con te fino al Cedron, poi tornerò indietro. Perché vivi in un posto così umile? Sai, la gente nota così tante cose. Non conosci nessuno in città con una bella casa? Se vuoi, posso portarti da alcuni amici. Ti daranno ospitalità per le mie attitudini amichevoli nei loro confronti; e la casa sarebbe più degna di Te."

"Pensi che sia così? Io no. Tutte le classi sociali sono degne o indegne. E senza mancare di carità, ma per evitare di offendere la giustizia, Io ti dico che l'indegno, il dannatamente indegno, spesso si trova tra i grandi. Non è necessario e non serve essere influenti per essere buoni e per nascondere i peccati agli occhi di Dio. Tutto sarà rovesciato sotto il mio segno. E non sarà grande chi è potente, ma chi è umile e santo."

"Ma per essere rispettati, per imporsi..."

"Erode è rispettato? Cesare è rispettato? No, essi sono sofferti e maledetti sia dalle labbra che dai cuori. E credimi, Giuda, sulla gente buona, o semplicemente sulla gente di buona volontà, sarà più facile per Me impormi con la modestia piuttosto che con la maestà."

"Ma... Tu disprezzerai sempre i potenti? Li renderai nemici! Io pensavo di parlare di Te a tanta gente che conosco e che è influente..."

"Io non disprezzerò nessuno. Incontrerò i poveri così come i ricchi, gli schiavi così come i re, la gente pura così come i peccatori. Ma se dovrò essere grato a coloro che Mi daranno il pane e un tetto in modo che possa portare avanti la Mia opera, qualunque sia il tetto e il pane, darò sempre la mia preferenza agli umili. I grandi hanno già così tante gioie. I poveri non hanno altro che la loro coscienza onesta, un amore fedele, bambini e la gioia di essere ascoltati da coloro che sono al di sopra di loro. Mi chinerò sempre verso i poveri, gli afflitti e i peccatori. Ti ringrazio per le tue buone intenzioni. Ma lasciami in questo posto di pace e preghiera. Vai, e che Dio ti ispiri ciò che è bene."

E Gesù lascia il discepolo e va nell'oliveto.

Gesù Incontra Giovanni Di Zebedeo Al Getsemani.

Quando Gesù si avvicina alla piccola casa bianca in mezzo all'oliveto, un giovane, che reca in mano attrezzi per la potatura e la zappatura, Lo saluta.

"Che Dio sia con Te, Rabbino: E' venuto il tuo discepolo Giovanni e si è appena allontanato per venirti incontro."

"Quanto tempo fa?"

"Non molto, ha appena attraversato quel sentiero. Pensavamo che venissi da Betania..."

Gesù comincia a camminare molto velocemente, svolta alla roccia, vede Giovanni che cammina quasi di corsa verso la città e lo chiama. Giovanni si volta, con il volto illuminato dalla gioia e grida: "Oh! Mio Maestro!" E comincia a correre nella direzione opposta.

Gesù lo riceve a braccia aperte e si abbracciano con affetto.

"Stavo venendo a cercarti... pensavamo che fossi andato a Betania, come ci avevi detto."

"Sì, volevo andarci. Devo iniziare a evangelizzare anche i dintorni di Gerusalemme. Ma sono rimasto in città... per insegnare a un nuovo discepolo."

"Tutto ciò che fai è ben fatto, Maestro. Ed ha sempre successo. Vedi? Anche ora ci siamo incontrati molto presto."

Cominciano a camminare e Gesù posa un braccio sulle spalle di Giovanni, che, essendo più basso, lo guarda verso l'alto, ovviamente molto felice di tanta intimità. Così si avviano verso la piccola casa.

"Sei rimasto qui a lungo?"

"No, Maestro. Sono partito da Doco all'alba, assieme a Simone, a cui ho lasciato il Tuo messaggio. Poi ci siamo fermati nella campagna di Betania, abbiamo condiviso il cibo e abbiamo parlato di te con i contadini che abbiamo incontrato nei campi. Quando era più fresco, siamo partiti. Simone è andato a trovare un suo amico, con cui vuole parlare di Te. Possiede quasi tutta Betania. Lo conosce da tanto tempo, da quando erano vivi i loro padri. Ma Simone verrà qui domani. Mi ha chiesto di dirti che è felice di servirti. Simone è molto in gamba. Vorrei essere come lui. Ma io sono un ragazzo ignorante."

"No, Giovanni, anche tu stai facendo molto bene."

"Sei davvero soddisfatto del Tuo povero Giovanni?"

"Sì, sono completamente soddisfatto, Mio caro Giovanni. Completamente soddisfatto."

"Oh! Mio Maestro!" Giovanni si china, impaziente di prendere la mano di Gesù, che bacia e passa amorevolmente sul suo volto, come accarezzandolo.

Sono arrivati alla piccola casa. Entrano nella bassa cucina fumosa e il proprietario li saluta:

"La pace sia con Te."

"Pace a questa casa, a te e a coloro che vivono con te. Ho con Me un discepolo."

"Ci sarà pane e olio anche per lui."

"Ho portato del pesce secco che mi hanno dato Giacomo e Pietro. E, passando da Nazaret, Tua Madre mi ha dato del pane e miele per Te. Ho camminato per tutto il tempo senza fermarmi, ma sarà secco ora."

"Non importa, Giovanni. Avrà sempre il profumo delle mani di Mia Madre."

Giovanni estrae i suoi tesori dallo zaino che aveva messo in un angolo. Mettono a macerare il pesce secco in acqua calda per qualche minuto, poi versano su esso dell'olio di oliva e lo arrostiscono sul fuoco.

Gesù benedice il cibo e si siede a tavola con il Suo discepolo, il padrone, Giona, e il figlio di Giona. La padrona va avanti e indietro portando pesce, olive nere, verdure bollite condite con olio. Gesù offre anche del miele. E lo offre anche alla padrona, spalmandolo su del pane. "Proviene dal Mio alveare" dice. "Mia Madre si occupa delle api. Mangialo. E' buono..." ma Maria non vuole privarlo del dolce miele così Egli aggiunge "... sei così buona con Me, Maria, e meriti molto più di questo".

La cena dura solo poco tempo durante il quale conversano di argomenti comuni. Finita la cena, ringraziano per il cibo e Gesù dice a Giovanni:

"Vieni. Andiamo per un po' nell'oliveto. E' una notte tersa e mite. Sarà piacevole stare là fuori per un po'."

"Maestro, Ti dò la buonanotte..." Dice Giona "... Sono stanco e anche mio figlio è stanco. Andiamo a dormire. Lascerò la porta socchiusa e la lampada sul tavolo. Tu sai cosa fare."

"Vai, Giona. E metti a posto la lampada. C'è un chiaro di luna così luminoso, che riusciremo a vedere senza alcuna luce."

"Ma dove dormirà il Tuo discepolo?"

"Con Me. Sul mio tappeto c'è posto anche per lui. Vero, Giovanni?" Giovanni è incantato all'idea di dormire accanto a Gesù.

Prima di partire, Giovanni prende qualcosa dallo zaino nell'angolo ed escono nell'oliveto dove camminano per un po', finché raggiungono una cima che domina una vista di tutta Gerusalemme.

"Sediamoci qui e parliamo" dice Gesù.

Ma Giovanni preferisce sedersi ai piedi di Gesù sull'erba bassa e appoggia le braccia sulle ginocchia di Gesù, con la testa abbassata sul braccio, guardando di tanto in tanto Gesù. Sembra un bambino accanto alla persona a lui più cara. "E' bello anche qui, Maestro. Guarda come sembra grande la città di notte. Più grande che di giorno."

"E' perché il chiaro di luna sfuma i contorni. Vedi: i bordi sembrano ampliarsi in una luminosità argentina. Guarda la sommità del Tempio, lassù. Non sembra sospesa a mezz'aria?"

"Sembra sorretta dagli angeli sulle loro ali d'argento." Gesù sospira.

"Perché sospiri, Maestro?"

"Perché gli angeli hanno abbandonato il Tempio. Il suo carattere di purezza e santità è ora confinato solo alle sue mura. Coloro che dovrebbero imprimerlo nella sua anima - perché ogni posto ha un'anima, che è lo spirito per il quale è stato costruito, e il Tempio ha, o dovrebbe avere, un'anima di preghiera e santità - coloro che dovrebbero dare energia a tale spirito sono invece i primi a soffocarlo. Non puoi dare ciò che non possiedi, Giovanni. E se ci sono molti sacerdoti e leviti qui, nemmeno un decimo di loro è in grado di dare vita al Luogo Santo. Anzi gli danno morte. Essi trasmettono la morte delle loro anime, che sono morte per ciò che è santo. Hanno le loro formule. Ma non ne hanno l'essenza. Esistono corpi che sono caldi solo perché la putrefazione li gonfia."

"Ti hanno fatto del male, Maestro?" Giovanni è tutto preoccupato.

"No. Al contrario mi hanno permesso di parlare quando ho chiesto di farlo."

"Glielo hai chiesto? Perché?"

"Perché non voglio essere colui che inizia la guerra. Ci sarà guerra in ogni caso. Perché Io sarò la causa di una sciocca paura umana per alcuni, e la causa del disonore per altri. Ma questo dev'essere scritto nel loro libro, non nel Mio."

Restano seduti in silenzio per qualche istante.

"Maestro, io conosco Anna e Caifa. La mia famiglia ha avuto rapporti di lavoro con loro, e quando sono venuto in Giudea a vedere Giovanni, avevo l'abitudine di andare al Tempio, ed essi sono stati buoni con il figlio di Zebedeo. Mio padre manda loro sempre il pesce migliore.

E' quella l'usanza, sai? Se vuoi che essi siano amichevoli e continuino ad esserlo, devi farlo..."

"Lo so." Gesù è serio.

"Bene, se Tu vuoi, parlerò di Te al Sommo Sacerdote. E... se Tu vuoi, io conosco un uomo che ha rapporti di lavoro con mio padre. E' un ricco mercante di pesce. Ha una meravigliosa grande casa vicino alla Torre Di Ippico, perché sono ricchi, ma anche molto buoni. Staresti più comodo e non saresti così stanco. Per venire qui, devi attraversare il sobborgo di Ophel, che è così selvaggio e sempre pieno di asini e ragazzi rissosi."

"No, Giovanni. Grazie. Ma sto molto bene qui. Vedi che pace c'è? L'ho detto anche all'altro discepolo che Mi ha suggerito la stessa cosa. Ha detto: 'Per godere di una reputazione più alta.'"

"L'ho detto affinché non ti stanchi così tanto."

"Io non mi stanco. Camminerò tanto, e non mi stancherò mai. Sai cosa Mi stanca? L'indifferenza. Oh! Che fardello! E' come portare un peso sul cuore."

"Io Ti voglio bene, Gesù."

"Sì, e tu Mi conforti. Ti voglio tanto bene, Giovanni, e te ne vorrò sempre, perché tu non Mi tradirai mai."

"Tradirti! Oh!"

"Tuttavia ci saranno molti che Mi tradiranno... Giovanni, ascolta. Ti ho detto che sono rimasto qui per insegnare a un nuovo discepolo. E' un giovane ebreo, educato e conosciuto."

"Bene, allora. Dovrai lavorare molto meno con lui che con noi, Maestro. Sono felice che Tu abbia qualcuno che è più capace di noi."

"Pensi che lavorerò meno?"

"Sì, e se è meno ignorante di noi, Ti comprenderà meglio, e Ti servirà meglio, soprattutto se Ti vuol bene."

"Ciò che dici è giusto. Ma l'amore non è proporzionale all'educazione o alla formazione. Una vergine ama con tutta la forza del suo primo amore. Questo si applica anche alla verginità della mente. E la persona amata penetra e impressiona più profondamente il cuore e la mente di una vergine, piuttosto che i cuori e le menti saturi di altri amori. Ma se Dio vuole... Ascolta, Giovanni. Io ti chiederei di essere amichevole con lui. Il mio cuore rabbrividisce al pensiero di porre te, un agnello intonso, accanto all'esperto della vita. Ma si placa considerando che tu puoi certamente essere un agnello, ma sei anche un'aquila, e se l'esperto tenta di farti toccare il terreno fangoso, il suolo del senso umano, con un battito delle tue ali tu sarai in grado di liberarti e desiderare solo il cielo blu terso e il sole. Ecco perché ti chiedo di rimanere come sei e di essere amichevole con il nuovo discepolo, ispirandolo con il tuo amore, perché non sarà molto amato da Simon Pietro e gli altri..."

"Oh! Maestro! Tu non sei sufficiente?"

"Io sono il Maestro. Non tutto Mi sarà detto. Tu sei un compagno, un po' più giovane, con cui sarà più facile per lui confidarsi. Non ti sto suggerendo di ripetermi ciò che Lui ti dirà. Detesto le spie e i traditori. Ma ti chiedo di evangelizzarlo con la tua fede, la tua carità, la tua purezza, Giovanni. E' una terra contaminata da acque stagnanti. Dev'essere bonificata dal sole dell'amore, purificata dall'integrità dei pensieri, dei desideri e delle azioni, e coltivata con fede. Tu puoi farlo."

"Se Tu dici che posso... Sì! Se Tu dici che posso farlo, lo farò. Per il Tuo bene..."

"Grazie, Giovanni."

"Maestro, hai nominato Simon Pietro. E questo mi ha ricordato una cosa che avrei dovuto dirti immediatamente, ma la gioia di ascoltarti me ne ha fatto dimenticare. Quando siamo tornati a Cafarnao dopo la Pentecoste, abbiamo trovato la solita somma di denaro da parte di quella persona sconosciuta. Il ragazzo l'aveva portata da mia madre. L'ho data a Pietro, e lui l'ha data a me, dicendo che avrei dovuto usarne un po' al mio ritorno e al mio soggiorno a Doco e poi portarti il resto, per qualsiasi Tua necessità... perché anche Pietro ha pensato che questo posto non dev'essere confortevole... ma Tu dici che lo è... ho preso solo due monete per due poveri che ho incontrato vicino a Efraim. Per il resto, ho vissuto con ciò che mia madre mi ha dato e che mi è stato dato da della buona gente a cui ho predicato il Tuo Nome. Ecco il borsello. "

"Daremo i soldi ai poveri domani. Così anche Giuda familiarizzerà con il nostro costume."

"E' venuto Tuo cugino? Come ha fatto a venire così presto? Era a Nazaret e non mi ha detto che stava partendo..."

"No. Giuda è il nuovo discepolo. Viene da Kariot. Ma l'hai visto a Pasqua, qui, la sera che ho curato Simone. Era con Tommaso."

"Ah! E' lui?" Giovanni è un po' perplesso.

"Sì, è lui. E cosa sta facendo Tommaso?"

"Ha seguito le Tue istruzioni, ha lasciato Simone il Cananeo ed è venuto dalla via del mare ad incontrare Filippo e Bartolomeo."

"Sì, voglio che vi amiate l'un l'altro, senza preferenze, aiutandovi a vicenda e sostenendovi l'un l'altro. Nessuno è perfetto, Giovanni. Né il giovane, né il vecchio. Ma se avrete buona volontà, raggiungerete la perfezione è ciò che vi mancherà ve lo darò Io. Siete come i figli di una santa famiglia. In essa ci sono caratteri molto diversi. Uno è forte, un altro è dolce, o coraggioso, o timido, o impulsivo o molto cauto. Se foste tutti uguali, sareste molto forti in un aspetto, ma molto deboli in tutti gli altri. Mentre così formate un'unione perfetta, completata da tutti voi. L'amore vi unisce, deve unirvi, per il bene della causa di Dio."

"E per il Tuo bene, Gesù. "

"Prima la causa di Dio, poi l'amore per il Suo Cristo."

"Io... e cosa sono io nella nostra famiglia?"

"Tu sei la pace amorevole del Cristo di Dio. Sei stanco, Giovanni? Vuoi tornare indietro? Io resterò qui a pregare."

"Resterò anch'io, e pregherò con Te. Lasciami restare a pregare con Te."

"Puoi restare."

Gesù recita alcuni salmi e Giovanni prega con Lui. Ma la sua voce si spegne e si addormenta con la testa sul fianco di Gesù. Gesù sorride, copre le spalle del discepolo addormentato con il Suo mantello e continua a pregare in silenzio.

Gesù Con Giuda Iscariota Incontra Simone Lo Zelota E Giovanni.

"Sei sicuro che verrà?" Chiede Giuda Iscariota camminando su e giù con Gesù, accanto a uno dei cancelli all'interno del Tempio.

"Ne sono sicuro. Doveva partire da Betania all'alba e al Getsemani doveva incontrare il Mio primo discepolo..."

C'è una pausa. Poi Gesù si ferma di fronte a Giuda e lo guarda, studiandolo da vicino. Poi posa una mano sulla spalla di Giuda e chiede: "Perché, Giuda, non Mi esprimi i tuoi pensieri?"

"Quali pensieri? Non ho nessun pensiero in particolare, Maestro, al momento. Ti faccio fin troppe domande. Di certo non puoi lamentarti del mio silenzio."

"Tu Mi fai tante domande e Mi dai tanti dettagli sulla città e sui suoi abitanti. Ma non ti confidi con Me. Cosa credi che Mi importi, quello che mi dici della ricchezza della gente e dei membri di questa o quella famiglia? Non sono un indolente venuto qui a perdere tempo. Sai perché sono venuto. E puoi ben capire che Mi interessa essere il Maestro di Miei discepoli, come cosa più importante. Pertanto voglio sincerità e fiducia da loro. Tuo padre ti amava, Giuda?"

"Mi amava tanto. Era orgoglioso di me. Quando tornavo a casa da scuola, e anche dopo, quando sono tornato a Kariot da Gerusalemme, voleva che gli raccontassi tutto. Si interessava a tutto ciò che facevo e se ne rallegrava se si trattava di cose positive, mi confortava se non stavo molto bene, se a volte, sai, tutti commettiamo degli errori - se avevo commesso un errore ed ero stato rimproverato per esso, mi mostrava la lealtà del rimprovero che avevo ricevuto, o l'ingiustizia della mia azione. Ma lo faceva in modo così gentile... che sembrava un fratello maggiore. Concludeva sempre dicendo: 'Dico questo perché voglio che il mio Giuda sia giusto. Voglio essere benedetto attraverso mio figlio.' Mio padre..."

Gesù, che ha attentamente osservato quanto Giuda è commosso al ricordo di suo padre, dice: "Ora, Giuda, sta' sicuro di ciò che sto per dirti. Niente renderà tanto felice tuo padre quanto l'essere un discepolo fedele. Tuo padre, che ti ha allevato come dici, dev'essere stato un uomo giusto e la sua anima si rallegrerà, dove sta aspettando la luce, vedendo che tu sei un Mio discepolo. Ma per essere tale, devi dire a te stesso: 'Ho trovato il mio padre perduto, il padre che era come un fratello maggiore per me, l'ho trovato nel mio Gesù, e Gli dirò tutto, come facevo con il mio adorato padre, per la cui morte sono ancora addolorato, in modo che possa ricevere da Lui consigli, benedizioni o un tenero rimprovero.' Che Dio lo conceda, e soprattutto che tu possa comportarti in modo tale che Gesù ti dica sempre: 'Tu sei buono.. Io ti benedico.'"

"Oh! Sì, Gesù! Se Tu mi ami così tanto, io farò di tutto per essere buono, come Tu vuoi e come mio padre voleva che fossi. E mia madre non avrà più un dolore lacerante nel suo cuore. Ella diceva: 'Tu non hai una guida ora, figlio mio, e ne hai ancora tanto bisogno.' Quando saprà che ho Te!"

"Io ti amerò come nessun altro uomo potrebbe amarti, ti amerò così tanto, ti amo davvero. Non deludermi."

"No, Maestro, non lo farò. Ero pieno di conflitti. Invidia, gelosia, desiderio di superiorità, sensualità, tutto in me si è scontrato con la voce della mia coscienza. Anche piuttosto di recente, vedi? Tu mi hai fatto soffrire. Cioè: no, non Tu. Era la mia natura malvagia... Pensavo di essere il Tuo primo discepolo... e, ora Tu mi hai appena detto che ne hai già uno."

"L'hai visto tu stesso. Non ricordi che a Pasqua ero nel Tempio con molti galilei?"

"Pensavo che fossero amici... pensavo di essere il primo ad essere scelto per tale destino, e che pertanto fossi il più caro."

"Non ci sono distinzioni nel Mio cuore tra il primo e l'ultimo. Se il primo dovesse errare e l'ultimo fosse un sant'uomo, allora ci sarebbe una distinzione agli occhi di Dio. Ma io amerò allo stesso modo: Amerò l'uomo santo di un amore beato, e il peccatore di un amore sofferente. Ma ecco Giovanni che arriva con Simone. Giovanni, il Mio primo discepolo, Simone, colui di cui ti ho parlato due giorni fa. Hai già visto Simone e Giovanni. Uno era malato..."

"Ah! Il lebbroso! Mi ricordo. E' già un Tuo discepolo?"

"Dal giorno seguente."

"E perché io ho dovuto aspettare così tanto?"

"Giuda?!"

"Hai ragione. Perdonami."

Giovanni vede il Maestro, Lo indica a Simone e si affrettano.

Giovanni e il Maestro si baciano. Simone, invece, si getta ai piedi di Gesù e li bacia, esclamando: "Gloria al mio Salvatore! Benedici il Tuo servitore affinché le sue azioni siano sante agli occhi di Dio e io possa glorificarlo e benedirlo per avermi donato Te."

Gesù posa la mano sulla testa di Simone: "Sì, ti benedico per ringraziarti della tua opera. Alzati, Simone. Questo è Giovanni, e questo è Simone: ecco il Mio ultimo discepolo. Anche egli vuol seguire la Verità. Pertanto è un fratello per tutti voi."

Si salutano: i due giudei inquisitoriamente, Giovanni di cuore.

Sei stanco, Simone?" Chiede Gesù.

"No, Maestro. Con la mia salute ho recuperato una vitalità che non avevo mai sentito prima."

"E so che ne fai buon uso. Ho parlato con tanta gente e tutti Mi hanno detto che li hai già istruiti sul Messia."

Simone sorride felicemente. "Anche la scorsa notte ho parlato di Te ad uno che è un onesto israelita. Spero che lo incontrerai un giorno. Mi piacerebbe portarti da lui."

"E' certamente possibile."

Giuda si unisca alla conversazione: "Maestro, hai promesso di venire con me, in Giudea."

"E lo farò. Simone continuerà a istruire la gente sul Mio arrivo. Il tempo è poco, cari amici, e la gente è così tanta. Ora andrò con Simone. Voi due Mi verrete incontro stasera sulla strada verso il Monte degli Ulivi e daremo del denaro ai poveri. Andate ora."

Quando Gesù è da solo con Simone, gli chiede: "Quella persona di Betania è un vero israelita?"

"E' un vero israelita. Le mie idee sono prevalenti, ma egli aspetta davvero il Messia. E quando gli ho detto: "Egli ora è tra noi", mi ha risposto subito: 'Sono benedetto perché sto vivendo questo momento.'"

"Andremo da lui un giorno e porteremo la nostra benedizione alla sua casa. Hai visto il nuovo discepolo?"

"L'ho visto. E' giovane e sembra intelligente."

"Sì, lo è. Poiché sei un giudeo, tu avrai più pazienza con lui rispetto agli altri, a causa delle sue idee."

"E' un desiderio o un ordine?"

"Un ordine benevolo. Tu hai sofferto e puoi essere più indulgente. Il dolore insegna tante cose."

"Se me lo ordini, sarò completamente indulgente verso di lui."

"Sì. Sii tale. Forse Pietro, e potrebbe non essere l'unico, sarà un po' turbato nel vedere come mi prendo cura e mi preoccupo di questo discepolo. Ma un giorno, essi capiranno... Più uno è deforme, più ha bisogno di assistenza.

Gli altri... oh! Gli altri si formano propriamente, anche da soli, semplicemente per contatto. Non voglio fare tutto da solo. Voglio che sia la volontà dell'uomo e l'aiuto degli altri a formare un uomo. Ti chiedo di aiutarmi... e ti sono grado per l'aiuto."

"Maestro, credi che Ti deluderà?"

"No. Ma è giovane ed è stato allevato a Gerusalemme."

"Oh! Accanto a te correggerà tutti i vizi di quella città... ne sono sicuro. Io ero già vecchio e incallito da odio pungente, eppure sono cambiato completamente dopo averti visto..."

Gesù sospira: "Che sia così! " Poi a voce alta: "Andiamo al Tempio. Evangelizzerò la gente."

Gesù, Giovanni, Simone E Giuda Vanno A Betlemme.

Gesù, che è già con Giovanni, incontra Simone e Giuda, di mattina presto, alla stessa porta di Gerusalemme.

"Miei amici..." dice Gesù "... vi chiedo di venire con Me attraverso la Giudea. Se non è troppo per voi, soprattutto per te, Simone."

"Perché, Maestro?"

"E' duro camminare sulle montagne della Giudea... e forse sarà ancora più doloroso per te incontrare qualcuno che ti ha fatto del male."

"Quanto alla strada, voglio rassicurarti, ancora una volta, che da quando mi hai curato, mi sento più forte di un giovane e nessun lavoro è pesante per me, anche perché è fatto per Te, ed ora, con Te. Riguardo all'incontrare gente che mi ha fatto del male, non c'è nessun risentimento o sentimento aspro nel cuore di Simone, perché è diventato Tuo. L'odio è andato via assieme alle piaghe dalla malattia. E, credimi, non so dirti se tu hai fatto un miracolo più grande nel curare la mia carne corrotta o la mia anima consumata dall'odio. Non credo di sbagliare nel dirti che curare la mia anima è stato il più grande miracolo; una ferita dell'anima guarisce meno facilmente... e Tu mi hai curato in un istante. Questo è un miracolo. Perché non si guarisce improvvisamente, anche se lo si desidera con tutte le proprie forze e un uomo non si sbarazza di una cattiva abitudine morale, se Tu non distruggi quell'abitudine con la Tua santa forza di volontà."

"Il tuo giudizio è corretto."

"Perché non lo fai con tutti?" Chiede Giuda piuttosto risentito.

"Ma lo fa, Giuda..." dice Giovanni, posando un braccio su Giuda gentilmente e amorevolmente come per calmarlo e parlando con zelo e in modo persuasivo "... Perché parli così al Maestro? Non senti di essere cambiato da quando sei in contatto con Lui? Prima, io ero un discepolo di Giovanni il Battista. Ma mi sono ritrovato completamente cambiato da quando Egli mi ha detto: 'Vieni'."

Giovanni, che si intromette raramente e non lo fa mai in presenza del Maestro, si trova obbligato a parlare, ma poi si rende conto di aver parlato prima di Gesù, arrossisce e dice:
"Perdonami, Maestro, ho parlato al Tuo posto... non volevo che Giuda Ti addolorasse."

"Sì, Giovanni. Ma non Mi ha addolorato in quanto Mio discepolo. Da Mio discepolo, in seguito, se persisterà nel suo modo di pensare, Mi addolorerà. Mi addolora solo notare quanto l'uomo è stato corrotto da Satana che devia i suoi pensieri. Tutti gli uomini, sapete! I pensieri di tutti voi sono stati sviati da lui! Ma arriverà il giorno in cui avrete la Forza e la Grazia di Dio, avrete la Saggezza con il Suo Spirito... allora avrete tutto ciò che vi consentirà di giudicare correttamente."
"E tutti noi giudicheremo correttamente."
"No, Giuda."

"Ma ti riferisci a noi discepoli o a tutti gli uomini?"

"Mi riferisco in primo luogo a voi, poi a tutti gli altri. Quando sarà ora, il Maestro nominerà i Suoi operai e li manderà in tutto il mondo..."
"Non lo stai già facendo?"

"Per il momento, vi faccio solo dire: 'Il Messia è qui. Venite da Lui.' Poi vi metterò in grado di predicare in Mio nome, di operare miracoli in Mio nome..."

"Oh! Anche miracoli?"

"Sì, sui corpi e sulle anime."

"Oh! Quanto ci ammireranno, allora!" emette Giuda, pieno di gioia al pensiero.

"Ma, allora, non saremo con il Maestro... ed io avrò

sempre timore di compiere con la mia capacità umana ciò che deriva solo da Dio" dice Giovanni, guardando Gesù pensierosamente e in qualche modo tristemente.

"Giovanni, se il Maestro me lo permetterà, vorrei dirti cosa penso" dice Simone.

"Sì, dillo a Giovanni. Voglio che vi consigliate l'un l'altro."

"Sai già che è un consiglio?" Gesù sorride ed è tranquillo.

"Bene, io ti dico, Giovanni, che non devi, non dobbiamo aver paura. Basiamoci sulla Sua saggezza di santo Maestro e sulla Sua promessa. Se Egli dice: 'Io vi manderò', vuol dire che Egli sa di poterci inviare senza paura che possiamo far del male a Lui o a noi stessi, che è per la causa di Dio, che è così cara a ciascuno di noi, come una sposa novella. Se Egli promette di vestire la nostra miseria intellettuale e spirituale della luminosità del potere che Suo padre Gli dona per noi, noi dobbiamo essere certi che lo farà e che noi ci riusciremo, non da soli, ma grazie alla Sua misericordia. E ciò molto probabilmente accadrà, dato che le nostre azioni sono libere dall'orgoglio e dalle ambizioni umane. Io credo che se contaminiamo la nostra missione, che è totalmente spirituale, con ingredienti terreni, allora anche la promessa di Cristo non resisterà. Non a causa di una Sua incapacità, ma perché noi strozzeremo tale abilità con la corda dell'orgoglio. Non so se sono stato chiaro."

"Tu hai parlato molto chiaramente. Io sbaglio. Ma sai... credo che, dopo tutto, voler essere ammirati come discepoli di Cristo, così vicini a Lui da meritare di fare ciò che Egli fa, equivale a voler accrescere ancora di più la potente figura di Cristo tra la gente. Lode al Maestro, Che ha tali discepoli, è questo che intendo" risponde Giuda.

"Ciò che dici non è completamente sbagliato. Ma... vedi, Giuda. Io provengo da una casta che è perseguitata perché... perché ha male interpretato chi e come dovrebbe essere il Messia. Sì. Se noi Lo avessimo atteso con la visione corretta del Suo essere, non avremmo commesso errori, che bestemmiano contro la Verità e si ribellano alla Legge di Roma, in modo tale da essere stati puniti sia da Dio che da Roma. Abbiamo immaginato Cristo come un conquistatore che avrebbe liberato Israele, come un nuovo Maccabeo, più grande del grande Giuda... Solo quello. E perché? Perché, piuttosto che tenere in considerazione l'interesse di Dio, ci siamo preoccupati dei nostri interessi: della terra natale e del popolo. Oh! Gli interessi della terra natale sono certamente sacri. Ma cosa sono in confronto al Paradiso eterno? Nelle lunghe ore di persecuzione, prima e di isolamento, poi, quando, da fuggitivo, ero obbligato a nascondermi nelle tane delle bestie feroci, condividendo con loro cibo e letto, per sfuggire al potere di Roma e soprattutto a tutte le incriminazioni dei falsi amici; o quando, mentre attendevo la morte nella tana di una lepre, avevo già assaporato il gusto del sepolcro, quanto ho meditato, e quanto ho visto: ho visto la figura del Messia... la Tua, mio umile e buon Maestro, la Tua, Maestro e Re dello Spirito, il Tuo, O Cristo, Figlio del Padre, che conduce al Padre e non ai palazzi reali di polvere, non alle divinità di fango. Tu... Oh! E' facile per me seguirti... perché, perdona la mia audacia che si dichiara corretta, perché io Ti vedo come Ti immaginavo, io Ti riconosco, Ti ho riconosciuto subito. No, non si trattava di incontrarti, ma di riconoscere Qualcuno che la mia anima aveva già incontrato..."

"E' per questo che ti ho chiamato... ed è per questo che ti sto portando con Me, ora, in questo Mio primo viaggio in Giudea. Voglio che tu completi il tuo riconoscimento, e voglio che anche loro, la cui età rende meno capaci di raggiungere la Verità tramite una meditazione profonda, voglio che sappiano come il loro Maestro è arrivato a questa ora... capirete in seguito. Lì c'è la Torre di Davide. "La Porta Orientale è vicina."

"Usciremo da essa?"

"Sì, Giuda. Andremo prima a Betlemme. Dove sono nato... dovreste saperlo... per dirlo agli altri. Anche quello fa parte della conoscenza del Messia e delle scritture. Troverete profezie scritte nelle cose non come profezie ma come storia. Passiamo intorno alle case di Erode...'

"La vecchia, malvagia, avida volpe."

"Non giudicare. Esiste Dio, per giudicare. Andiamo lungo il sentiero che attraversa questi orti. Ci fermeremo all'ombra di un albero, accanto a qualche casa ospitale, finché non si rinfresca. Poi proseguiremo nel nostro cammino."

Gesù A Betlemme Nella Casa Del Contadino E Nella Grotta.

E' una torrida giornata d'estate, su una strada piana coperta di polvere, che si estende lungo un oliveto di imponenti ulivi carichi di nuove piccole olive. Dove non è stato battuto, il terreno è cosparso di minuscoli fiori di ulivo caduti a terra durante l'impollinazione.
Tenendosi all'ombra degli ulivi e lontano dalla sgradevole polvere, Gesù con i Suoi tre discepoli, procede in fila indiana lungo il bordo della strada, dove l'erba è ancora verde, seguendola in una curva ad angolo retto dove si trova una costruzione quadrata chiusa e abbandonata, sovrastata da una piccola cupola bassa. Da lì si sale facilmente verso un'ampia valle a ferro di cavallo, cosparsa di case che formano una cittadina.

"Quello è il sepolcro di Rachele" dice Simone.
"Se è così, siamo quasi arrivati. Andremo subito in città?"
"No, Giuda, voglio prima mostrarvi un posto... poi andremo in città, e poiché è ancora giorno e sarà una notte di luna, potremo parlare alla gente. Se ci ascolteranno."

"Pensi che non Ti ascolteranno?"
Raggiungono il sepolcro, un antico monumento imbiancato e ben conservato.
Gesù si ferma a bere ad un pozzo rustico vicino.

Una donna, che è venuta a prendere l'acqua, Gliene offre un po'.

"Sei di Betlemme?" Le chiede Gesù.

"Sì. Ma ora, nel periodo del raccolto, vivo in campagna con mio marito, per occuparmi degli orti e dei frutteti. Sei un galileo?"

"Sono nato a Betlemme, ma vivo a Nazaret, in Galilea."

"Anche Tu sei perseguitato?"

"La famiglia sì. Ma perché dici: 'Anche tu'? C'è molta gente perseguitata a Betlemme?"

"Non lo sai? Quanti anni hai?"

"Trenta."

"Allora sei nato esattamente quando... oh! Che sventura! Ma perché è nato qui?"

"Chi?"

"Colui che hanno detto essere il Salvatore. Siano maledetti i folli che, ubriachi com'erano, pensarono che le nuvole fossero angeli e i belati e i ragli fossero voci dal Paradiso e, nella loro confusione da ubriachi, scambiarono tre sventurati per le persone più sante della terra. Siano maledetti! E siano maledetti coloro che credono in loro."

"Ma, con tutte le tue maledizioni, non Mi hai detto che cosa è accaduto. Perché maledici?"
"Perché... ascolta: dove stai andando?"

"A Betlemme con i Miei amici. Ho da sbrigare della faccende. Devo visitare alcuni vecchi amici e portar loro i saluti di Mia Madre. Ma vorrei sapere molte cosa prima, perché siamo stati lontani, noi della famiglia, per tanti anni. Lasciammo la città quando avevo solo pochi mesi."

"Prima della catastrofe, allora. Ascolta, se non disprezzi la casa di un contadino, vieni a condividere con noi il nostro pane e sale. Tu e i Tuoi compagni. Parleremo durante la cena e vi ospiterò tutti per la notte. La mia casa è piccola. Ma sulla stalla c'è tanta paglia, tutta ammucchiata. La notte è chiara e calda. Se vuoi, puoi dormire lì."

"Che il Signore di Israele ti ricompensi per la tua ospitalità. Sarò felice di venire nella tua casa."

"Un pellegrino porta con sé benedizioni. Andiamo. Ma dovrò versare sei brocche d'acqua sulle verdure che sono appena spuntate."

"Ed Io ti aiuterò."

"No, Tu sei un gentiluomo, lo dice il Tuo comportamento.

"Sono un lavoratore, donna. Questo è un pescatore. Quei due giudei sono benestanti e occupati. Io no." E raccoglie una brocca che giaceva di piatto con il suo ampio ventre accanto al muretto del pozzo, la lega alla corda e la cala nel pozzo. Giovanni lo aiuta. Anche gli altri vogliono essere d'aiuto e chiedono alla donna: "Dove sono le verdure? Diccelo e porteremo lì le brocche."

"Che Dio vi benedica! La mia schiena è rotta dalla fatica. Venite..."

E mentre Gesù tira su la brocca, i tre discepoli scompaiono lungo un piccolo sentiero, e tornano con due brocche vuote, che riempiono e poi vanno via. E non lo fanno tre volte, ma dieci. E Giuda, ridendo, dice: "Sta diventando rauca a forza di gridare, benedicendoci. Abbiamo dato tanta acqua alla sua insalata che il suolo sarà umido per almeno due giorni, e la donna non dovrà spezzarsi la schiena."

Quando torna indietro per l'ultima volta, dice: "Maestro, temo che siamo stati sfortunati."

"Perché, Giuda?"

"Perché ce l'ha con il Messia. Le ho detto: 'Non maledire. Non sai che il Messia è la più grande grazia per il popolo di Dio? Yahweh Lo ha promesso a Giacobbe, e dopo di lui a tutti i Profeti a alla gente giusta di Israele. E tu Lo odi?' Ha risposto: 'Non Lui. Ma colui che alcuni pastori ubriachi e tre maledetti indovini dell'est hanno chiamato "Messia"'. E poiché quello sei Tu..."

"Non importa. So di essere una difficoltà e una contraddizione per molti. Le hai detto chi sono?"

"No, non sono pazzo. Ho voluto salvare la vita a Te e a noi."

"Hai fatto bene. Non per le nostre vite. Ma perché intendo rivelarmi quando credo che sia il momento giusto. Andiamo."
Giuda Lo guida fino all'orto.

La donna svuota le ultime tre brocche e poi Lo conduce verso un edificio rustico in mezzo al frutteto. "Entra", dice. "Mio marito è già in casa."

Cercano in una bassa cucina piena di fumo. "Pace a questa casa" saluta Gesù.

"Chiunque Tu sia, siate benedetti Tu e i Tuoi amici. Entra" risponde l'uomo. E porta loro una bacinella d'acqua per rinfrescarsi e lavarsi, poi vanno tutti a sedersi attorno a un tavolo rustico.

"Grazie per aver aiutato mia moglie. Me lo ha detto. Non avevo mai avuto a che fare con dei galilei prima e mi avevano detto che erano rudi e litigiosi. Ma voi siete stati gentili e buoni. Sebbene foste già stanchi... avete lavorato così duramente. "Venite da lontano?

"Da Gerusalemme. Loro due sono giudei. L'altro ed Io siamo della Galilea. Ma credimi, buon uomo, troverai buoni e cattivi ovunque."

"E' vero. Io, la prima volta che ho incontrato dei galilei, li ho trovati buoni. Donna: porta il cibo.

Non ho che pane, verdure, olive e formaggio. Sono un contadino."

"Neanch'Io sono un gentiluomo. Sono un carpentiere."

"Cosa? Tu? Con i Tuoi modi?"

La donna interviene: "Il nostro ospite è di Betlemme, te l'ho detto, e se i Suoi parenti sono perseguitati, erano probabilmente ricchi e istruiti, come Giosuè di Ur, Matteo di Isacco, Levi di Abramo, povera gente!..."

"Non sei stata interrogata. Perdonala. Le donne sono più loquaci dei passeri di sera."
"Erano famiglie di Betlemme?"

"Cosa? Non sai chi siano, e sei di Betlemme?"

"Scappammo via quando Io avevo pochi mesi di vita..." ma la donna loquace interrompe "Andò via prima del massacro."

"Eh! Capisco. Altrimenti non sarebbe in questo mondo. Non sei mai tornato?"

"No, mai."

"Che sventura! Non troverai molti di quelli che Sara ha detto che vuoi incontrare e visitare. Molti furono uccisi, molti scapparono via... chissà!... dispersi, e non si è mai saputo se morirono nel deserto o furono uccisi in prigione come punizione per la loro ribellione. Ma fu una ribellione? E chi sarebbe rimasto inerte permettendo che tanti innocenti fossero massacrati? No, non è giusto che Levi ed Elia debbano ancora essere vivi mentre così tanti innocenti sono morti!"

"Chi sono questi due, e cosa fecero?"

"Bene, almeno avrai sentito parlare del massacro. Il massacro di Erode... Più di mille bambini massacrati in città, quasi altri cento in campagna (1). Ed erano tutti, o quasi tutti, maschi, perché nella loro furia, nel buio, nella mischia, gli assassini strapparono via dalle loro culle, dai letti delle loro madri, dalle case che assalirono, anche delle bambine, e le trafissero come piccole gazzelle colpite dagli arcieri. Bene: perché tutto ciò? Perché un gruppo di pastori, che avevano ovviamente bevuto un'enorme quantità di sidro per sopportare il freddo intenso della notte, in una frenesia di eccitazione, affermarono di aver visto angeli, di aver sentito canti, di aver ricevuto istruzioni... e dissero a noi di Betlemme: 'Venite. Adorate. Il Messia è nato.' Immagina semplicemente: il Messia in una grotta! In tutta sincerità, devo ammettere che eravamo tutti ubriachi, anch'io, allora adolescente, anche mia moglie, che allora era solo una bambina... perché tutti noi credemmo a loro, e in una povera donna della Galilea vedemmo la Vergine Madre di cui parlano i Profeti. Ma Ella era con Suo marito, un rozzo galileo! Se era la moglie, come avrebbe potuto essere la 'Vergine'? Per farla breve: ci credemmo.
Doni, venerazione... case aperte per dar loro ospitalità!...
Oh! Recitarono molto bene la loro parte! Povera Anna! Perse la sua proprietà e la vita, e anche i bambini della sua figlia più grande, l'unica rimasta perché sposò un mercante di Gerusalemme, perse tutta la proprietà perché la loro casa fu incendiata e tutta la tenuta fu distrutta per ordine di Erode. Ora è un campo non coltivato dove si cibano le mandrie."

"E fu tutta colpa dei pastori?"

"No, fu anche colpa di tre stregoni che arrivarono dal regno di Satana. Forse erano complici dei tre...

E noi stoltamente ci sentimmo così orgogliosi di tanto onore! E il povero capo della sinagoga! Lo uccidemmo perché egli giurò che le profezie confermavano la verità dei pastori e le parole degli stregoni..."

"Quindi fu colpa dei pastori e degli stregoni?"

"No, galileo. Fu anche colpa nostra. Colpa della nostra credulità. Il Messia era stato atteso da così tanto tempo. Secoli di attesa. E c'erano state molte delusioni recenti a causa di falsi Messia. Uno di loro era un galileo, come Te, un altro fu chiamato Teuda. Bugiardi! Loro... Messia! Non erano altro che avidi avventurieri in cerca di un colpo di fortuna! Avremmo dovuto imparare la lezione. Invece..."

"Bene, allora, perché maledite tutti i pastori e i magi? Se vi considerate pazzi, allora dovreste essere maledetti anche voi. Ma il precetto dell'amore vieta la maledizione. Una maledizione attira un'altra maledizione. Siete sicuri di avere ragione? Non potrebbe essere vero che i pastori e i magi dissero la verità, rivelata ad essi da Dio? Perché continuate a credere che fossero bugiardi?"

"Perché gli anni della profezia non erano terminati. Ci abbiamo pensato in seguito... dopo che ci furono aperti gli occhi dal sangue dei bacini e dei ruscelli rossi."

"E non potrebbe l'Altissimo aver anticipato l'arrivo del Salvatore, in un eccesso d'amore per il Suo popolo? Su cosa basarono la loro affermazione gli stregoni? Mi hai detto che venivano dall'est..."

"Sui loro calcoli riguardanti una nuova stella."

"Non è scritto: 'Una stella da Giacobbe assume il comando, uno scettro nasce da Israele'? Non è

Giacobbe il grande Patriarca e non si fermò egli nella terra di Betlemme tanto cara ai suoi occhi, perché vi morì la sua adorata Rachele?
E non disse la bocca di un Profeta: 'Un virgulto nasce dalla stirpe di Iesse, un innesto spunta dalle sue radici'? Iesse, il padre di Davide, nacque qui. Non è il virgulto della stirpe, tagliato alle radici da usurpazioni tiranniche, non è la 'Vergine' Che darà la luce a Suo Figlio, concepito non per atto dell'uomo, altrimenti Ella non sarebbe una vergine, ma per volontà divina, mentre Egli sarà l''Emmanuele' perché: Figlio di Dio, Egli sarà Dio e porterà Dio in mezzo al popolo di Dio, come proclama il Suo nome? E non sarà Egli annunciato, come dice la profezia, al popolo che cammina nell'oscurità, cioè ai pagani, 'da una grande luce'? E la stella che videro i magi, non potrebbe essere la stella di Giacobbe, la grande luce delle due profezie di Balaam e Isaia? E lo stesso massacro ordinato da Erode, non viene dalle profezie? 'Una voce si ode a Ramah... è Rachele che piange per i suoi figli.' Era scritto che delle lacrime sarebbero filtrate dalle ossa di Rachele nel suo sepolcro a Efrata quando, attraverso il Salvatore, sarebbe arrivata la ricompensa per il santo popolo. Lacrime che si sarebbero trasformate in risa divine, come l'arcobaleno che viene formato dalle ultime gocce della tempesta, ma dice: 'Ecco, il cielo è terso.'"

"Tu sei un uomo colto. Sei un rabbino?"

"Sì."

"E l'ho intuito. C'è luce e verità nelle Tue parole. Ma... Oh! Troppe ferite sanguinano ancora in questa terra di Betlemme a causa del vero o falso Messia... che non Gli suggerirei mai di venire qui. La terra Lo respingerebbe come si respinge un figliastro che ha causato la morte dei veri figli. In ogni caso... se fosse stato Lui... morì assieme agli altri bambini massacrati."

"Dove vivono ora Levi ed Elia?"

"Li conosci? " L'uomo si insospettisce.

"Non li conosco. I loro volti Mi sono sconosciuti. Ma sono infelici, ed io ho sempre misericordia per gli infelici. Voglio andare a trovarli."

"Bene, saresti il primo dopo circa trent'anni. Sono ancora dei pastori e lavorano per un ricco erodiano di Gerusalemme, che ha preso possesso di molte della proprietà che appartenevano alla gente uccisa... C'è sempre qualcuno che approfitta! Li troverai con le loro mandrie sui terreni in alto verso Hebron. Ma questo è il mio consiglio: fai in modo che nessuno di Betlemme Ti veda parlare con loro. Ne soffriresti. Noi li tolleriamo per... per l'erodiano. Altrimenti..."

"Oh! L'odio! Perché odiare?"

"Perché è giusto. Ci hanno fatto del male."

"Pensavano di aver fatto del bene."

"Ma hanno fatto del male. Che sia fatto del male a loro. Avremmo dovuto ucciderli come loro hanno fatto uccidere tanta gente per la loro stupidità. Ma eravamo diventati stupidi noi stessi e poi... c'era l'erodiano."

"Allora, se non ci fosse stato lui, dopo il primo desiderio di vendetta, che era ancora giustificabile, li avreste uccisi?"

"Li uccideremmo anche ora, se non avessimo paura del loro padrone."

"Buon uomo, ti dico, non odiare. Non desiderare il male. Non essere ansioso di fare del male. Non c'è colpa qui. Ma anche se ci fosse, perdona. Perdona in nome di Dio. Dillo anche all'altra gente di Betlemme. Quando i vostri cuori saranno liberi dall'odio, il Messia arriverà; Lo conoscerete allora, perché Egli è vivo. Era già nato quando avvenne il massacro. Te lo dico Io. Fu colpa di Satana, non fu colpa dei pastori o dei magi che avvenne il massacro. Il Messia è nato qui per voi, è venuto a portare la Luce alla terra dei Suoi padri. Il Figlio di una Vergine Madre della stirpe di Davide, tra le rovine della casa di Davide, Egli concesse una fonte di Grazie al mondo, e una nuova vita all'umanità..."

"Va' via! Vai fuori di qui! Tu sei un seguace di quel falso Messia, Che non potrebbe essere che falso, perché ha portato sventura a noi qui a Betlemme. Tu Lo difendi, quindi..."
"Fai silenzio, buon uomo. Sono un giudeo e ho amici influenti. Potrei farti rimpiangere i tuoi insulti" irrompe Giuda, afferrando gli indumenti del contadino, e scuotendoli in un impeto di rabbia violenta.

"No, no, fuori di qui! Non voglio problemi con il popolo di Betlemme o con Roma o con Erode. Andate via, voi maledetti, se non volete che vi lasci il mio segno... Fuori!"
"Andiamo, Giuda. Non reagire. Lasciamolo nel suo odio. Dio non entrerà dove c'è odio amaro. Andiamo."

"Sì, ce ne andiamo. Ma tu pagherai per questo."

"No, Giuda, non dire così. Sono ciechi... Ne incontreremo così tanti nel Mio cammino."
Escono e trovano Simone e Giovanni, fuori, che parlano con la donna, all'angolo della stalla.

"Perdona mio marito, Signore. Non pensavo che avrei causato tanti problemi... Ecco, prendete queste" Gli porge delle uova "Le mangerete domani mattina. Sono fresche. Non ho nient'altro... Perdonaci. Dove dormirete?"

"Non preoccuparti. So dove andare. Vai e che la pace sia con te per la tua cortesia. Saluti."

Camminano un po', senza parlare, poi Giuda irrompe: "Ma Tu... perché non hai fatto in modo che Ti adorassero? Perché non hai schiacciato quello sporco bestemmiatore nel fango? Nel terreno! Schiacciato perché non ha mostrato alcun rispetto per Te, il Messia... Oh! E' quello che avrei fatto io! I samaritani dovrebbero essere ridotti in cenere con un miracolo! E' l'unica cosa che li scuoterà."
"Oh! Quante volte lo sentirò ripetere! Ma se dovessi ridurre in cenere per ogni peccato contro di Me!... No, Giuda. Sono venuto a creare, non a distruggere."

"Sì! E nel frattempo loro distruggono Te." Gesù non risponde.

Simone chiede: "Dove andiamo ora, Maestro?"

"Venite con Me, conosco un posto."

"Ma se non sei mai stato qui dalla Tua partenza, come fai a conoscerlo?" Chiede Giuda, ancora arrabbiato.

"Lo conosco. Non è un bel posto. Ma ci sono già stato. Non è a Betlemme... è un po' fuori... Giriamo da questa strada."
Gesù è davanti, seguito da Simone, poi Giuda e Giovanni è l'ultimo... In questo silenzio, rotto solo dal fruscio dei loro sandali sui granelli di ghiaia sul

sentiero, si sentono i gemiti di un pianto.
"Chi sta piangendo?" Chiede Gesù voltandosi.
"E' Giovanni. Si è spaventato." Risponde Giuda.

"No, non mi sono spaventato. Avevo già posato la mano sul coltello sotto la mia cintura... poi mi sono ricordato le parole che Tu continui a ripetere: 'Non uccidere, perdona.'"

"Perché piangi, allora? " Chiede Giuda.

"Perché soffro nel vedere che il mondo non ama Gesù. Non Lo conoscono e non vogliono conoscerlo. Oh! E' così doloroso! Come se qualcuno mi lacerasse il cuore con spine roventi. Come se avessi visto qualcuno calpestare mia madre o sputare in faccia a mio padre... Anche peggio... Come se avessi visto dei cavalli romani mangiare nell'Armadio Sacro e riposare nel Luogo Santissimo."

"Non piangere, Mio caro Giovanni. Dì, questa volta e infinite volte in futuro: 'Egli era la Luce ed è venuto a illuminare il buio - ma il buio non Lo conosceva. Egli è venuto al mondo che era stato creato per Lui, ma il mondo non Lo conosceva. Egli è venuto nella Sua città, nel Suo dominio, ma il Suo stesso popolo non Lo accettò.' Oh! Non piangere così!"

"Questo non succede in Galilea!" Dice Giovanni singhiozzando.
"Bene, nemmeno in Giudea" dice Giuda "Gerusalemme è la capitale e tre giorni fa ha cantato osanna per Te, Messia! Non puoi giudicare da questo posto di rozzi contadini, pastori e orticoltori. Anche i galilei, ricordati, non sono tutti buoni. Dopo tutto, da dove veniva Giuda, il falso Messia? Dissero..."
"Basta, Giuda. E' inutile arrabbiarsi. Io sono calmo. State calmi, anche voi. Giuda, vieni qui.

Voglio parlare con te. " Giuda va vicino a Lui."
Prendi questo borsello. Farai la spesa per domani."
"E adesso, dove alloggeremo?"
Gesù sorride, ma non risponde.

E' buio e la volta paradisiaca è punteggiata di stelle, stelle, stelle come su una tenda del paradiso, un baldacchino stracolmo di gemme vive esteso sulle colline di Betlemme, al chiaro di luna che rende tutto bianco. Gli usignoli cantano sugli ulivi. Nelle vicinanze, il nastro argentino di un ruscello, il muggito di buoi e il belato di pecore. L'aria è profumata dall'odore di fieno tostato dei campi falciati.

"Ma qui!... Ci sono solo rovine qui! Dove ci stai portando? La città è laggiù."

"Lo so. Venite. Seguite il ruscello, dietro di Me. Ancora pochi passi e... e vi offrirò la dimora del Re di Israele."

Giuda scrolla le spalle e si calma.
Ancora pochi passi, poi un mucchio di case in rovina: resti di case... Una caverna tra i crepacci di un grosso muro.

Gesù chiede: "Avete degli stoppacci? Accendeteli."

Simone accende una piccola lampada che ha estratto dal suo zaino e la porge a Gesù.

"Entrate" dice il Maestro alzando la lampada.

"Entrate. Questa è il luogo della natività del Re di Israele."

"Starai scherzando, Maestro! E' una sporca tana. Ah! Io non resterò qui! Mi fa ribrezzo: è umida, fredda, puzzolente, piena di scorpioni e forse anche di serpenti..."

"Eppure... amici Miei, qui la notte del venticinque di Kislev, la Festa delle Luci, Gesù Cristo nacque dalla Vergine, l'Emmanuele, il Verbo di Dio fatto uomo, per amore dell'uomo: Io Che sto parlando con voi. Anche allora, come adesso, il mondo era sordo alle voci del Paradiso che parlavano ai cuori degli uomini... e rifiutò la Madre... No, Giuda, non volgere il tuo sguardo dal disgusto per questi pipistrelli svolazzanti, per queste lucertole verdi, per queste ragnatele, non sollevare dal disgusto il tuo bel mantello ricamato, per non trascinarlo sul terreno coperto di escrementi di animali. Quei pipistrelli sono i nipoti di quelli che furono i primi giocattoli ad essere mossi davanti agli occhi del Bambino, per Cui gli angeli cantarono il 'Gloria' udito dai pastori, intossicati solo da una gioia estatica, una vera gioia. Il verde smeraldo di quelle lucertole fu il primo colore a colpire i Miei occhi, il primo, dopo il bianco del volto e del vestito di Mia Madre. Quelle regnatele furono il baldacchino della Mia culla reale. Questo terreno... oh! Puoi camminare su di esso senza disprezzo... è cosparso di escrementi... ma è santificato dal Suo piede, il Piede della Santa, la Santissima, Pura, Immacolata Madre di Dio, Che diede alla luce, poiché Ella avrebbe dato alla luce, perché Dio, non l'uomo, lo disse a Lei e La coprì con la Sua ombra. Ella, l'Immacolata, lo calpestò. Puoi calpestarlo anche tu. E possa la purezza diffusa da Lei, per la volontà di Dio, sollevarsi dalle suole dei tuoi piedi fino al tuo cuore..."
Simone è in ginocchio. Giovanni va dritto alla mangiatoia e piange, posando la testa su di essa. Giuda è atterrito... è sopraffatto dall'emozione, e non è più preoccupato del suo bel mantello, si inginocchia sul terreno, prende l'orlo della tunica di Gesù e la bacia e si percuote il petto dicendo: "Oh! Mio buon Maestro, abbi misericordia della cecità del Tuo servitore! Il mio orgoglio svanisce... io Ti vedo per come sei. Non il Re che immaginavo.

Ma il Principe Eterno, il Padre dei secoli futuri, il
Re della pace. Abbi misericordia, mio Signore e mio
Dio, abbi misericordia di me!"

"Sì, tu hai tutta la Mia misericordia! Ora
dormiremo dove dormirono l'Infante e la Vergine,
laggiù dove Giovanni ha preso il posto della Madre
adorante, qui dove Simone appare come il Mio
padre putativo. O, se preferite, vi parlerò di quella
notte..."

"Oh! Sì, Maestro, parlaci della Tua nascita."

"In modo che una perla luminosa possa splendere
nei nostri cuori. E che possiamo raccontarlo a
tutto il mondo!"
"E che possiamo venerare la Tua Vergine Madre,
non solo come Tua Madre, ma anche come... come
la Vergine!"

Giuda è stato il primo a parlare, seguito da Simone
e Giovanni, il cui volte sorride e piange, accanto
alla mangiatoia.

"Venite a sedervi sul fieno. Ascoltate..." e Gesù
racconta loro della notte della sua nascita. "...
quando la Madre fu vicina al momento di avere il
Suo Bambino, fu emanato un decreto dal delegato
imperiale Publio Sulpicio Quirinio su ordine di
Cesare Augusto, quando Senzio Saturnino era
governatore della Palestina. Il decreto stabiliva che
si sarebbe dovuto tenere un censimento di tutta la
popolazione dell'impero. Coloro che non erano
schiavi avrebbero dovuto recarsi nei loro luoghi
d'origine e registrarsi nei registri ufficiali
dell'impero. Giuseppe, lo sposo della Madre, era
della discendenza di Davide ed anche la Madre era
della discendenza di Davide. In osservanza al
decreto, lasciarono Nazaret e vennero a Betlemme,
la culla della famiglia reale. Il clima era rigido..."

END

Se ti è piaciuto questo libro, si prega di inviare cortesemente un commento. Accogliamo con favore le vostre risposte. Grazie!

Estratti da i sequel

Coloro che sono segnati
....

Giuda, Simone e Giovanni sono con Gesù e camminano attraverso una valle tra due catene montuose. Hanno lasciato alle spalle i pastori, nei pascoli di Hebron. I campi in questa valle non sono molto grandi, ma sono ben coltivati con vari cereali, soprattutto orzo e segale ed anche alcune buone vigne nelle parti soleggiate. Più in alto, ci sono adorabili foreste di pini, di abeti e altri alberi tipici delle foreste boschive. Una strada piuttosto buona conduce a un piccolo villaggio.

"Questo è il sobborgo di Kariot. Ti prego di venire nella mia casa di campagna. Mia madre Ti sta aspettando lì. Andremo a Kariot dopo" dice Giuda che è fuori di sé per l'eccitazione.

"Come vuoi, Giuda, ma avremmo potuto fermarci anche qui per incontrare tua madre."

"Oh! No! E' solo una fattoria. Mia madre viene qui nel periodo del raccolto. Ma vive a Keriot. E non vuoi che la gente della mia città Ti veda? Non vuoi portare a loro la Tua luce?"

"Certo, Giuda. Ma tu già sai che non bado all'umiltà del posto che Mi dà ospitalità."

"Ma oggi Tu sei mio ospite... e Giuda sa come essere ospitale."

Camminano ancora per qualche metro tra le case sparse nella campagna; uomini e donne guardano fuori e i bambini chiamano, la loro curiosità viene risvegliata. Giuda deve aver mandato qualcuno ad avvisarli.

"Ecco la mia povera casa. Perdona la sua povertà."

Ma la casa non è né piccola, né squallida, né costruita con semplicità. Consiste di un ampio pian terreno ben tenuto in mezzo a un fitto frutteto fiorito, con una piccola e pulita strada privata che conduce dalla strada principale alla casa.

"Posso farti strada, Maestro?"

"Sì, vai." Giuda va avanti.

"Maestro, Giuda ha fatto le cose in grande stile" dice Simone, "avevo come il sospetto che lo avrebbe fatto. Ma ora ne sono certo. Maestro, Tu continui a dire, e piuttosto giustamente, spirito... ma lui... lui non vede le cose in quel modo. Non Ti comprenderà mai... o forse solo molto tardi" aggiunge per non addolorare Gesù. Gesù sospira ed è silenzioso.

Giuda esce con una donna di circa cinquant'anni, piuttosto alta, ma non quanto suo figlio, con gli occhi scuri e i capelli ricci. Ma i suoi occhi sono gentili e piuttosto tristi, mentre quelli di Giuda sono imperiosi e scaltri.

"Ti saluto, Re di Israele" ella dice prostrandosi nell'autentico saluto di un suddito. "Permetti alla Tua servitrice di offrirti ospitalità. "

"Pace a te, donna. E che Dio sia con te e con la tua creatura."

"Oh! Sì! Con la mia creatura." Ella sospira.

" Alzati, madre. Anch'io ho una Madre, e non posso permetterti di baciarmi i piedi. Io ti bacio, donna, nel nome di Mia Madre. Ella è una tua sorella... nell'amore e nel doloroso destino della madre di coloro che sono segnati."

"Cosa intendi, Messia?" Chiede Giuda piuttosto preoccupato.

Ma Gesù non risponde. Abbraccia la donna, che ha gentilmente fatto alzare ed ora le bacia la guancia. E, tenendole la mano, cammina verso la casa.

Entrano in una stanza fresca, ombreggiata da leggere tende a righe. Bevande e frutta fresca sono già pronti. Ma prima, la madre di Giuda chiama un'ancella che porta dell'acqua e la padrona vorrebbe togliere a Gesù i sandali e lavargli i piedi polverosi. Ma Gesù obietta. "No, madre. Una madre è una persona troppo santa, soprattutto quando è onesta e buona, come te, per consentirle di assumente l'atteggiamento di una schiava..."

La madre guarda Giuda... uno sguardo insolito e poi si allontana.

Gesù si rinfresca. Quando sta per indossare i sandali, la donna ritorna con un nuovo paio. "Ecco, Messia. Penso di aver fatto la cosa giusta... come Giuda voleva... mi ha detto: 'Un po' più lunghi dei miei, ma della stessa larghezza.'"

"Ma perché, Giuda?"

"Non mi permetti di offrirti un regalo? Non sei il mio Re e il mio Dio?"

"Sì, Giuda. Ma non devi dare tanto disturbo a tua madre. Sai come sono..."

"Lo so. Tu sei santo. Ma devi apparire un Re santo. E' così che uno si impone. Nel mondo, dove nove decimi della gente è stolta, dobbiamo imporci con il nostro aspetto. Fidati di me."

Gesù si è allacciato le cinghie di cuoio rosso traforato dei nuovi sandali, che Gli arrivano alle caviglie. Sono più belli dei Suoi semplici sandali da lavoratore e somigliano ai sandali di Giuda, che sono simili a scarpe con un traforo che mostra parte del suo piede.

"Anche la tunica, mio Re. L'ho preparata per Giuda... ma lui la regala a Te. E' di lino: fresca e nuova. Permetti a una madre di fartela indossare... come se fossi suo figlio."

Gesù guarda di nuovo Giuda... ma non parla. Si slaccia la Sua tunica attorno al collo e lascia cadere la Sua ampia tunica sul pavimento e così rimane con la sua corta sotto-tunica. La donna Gli fa indossare l'adorabile nuovo indumento. Poi Gli offre una cintura intrecciata, riccamente ricamata, con una corda pendente decorata con nappe molto spesse. Gesù deve sentirsi comodo nei freschi indumenti puliti, ma non sembra molto felice. Nel frattempo gli altri si sono rinfrescati.

"Vieni, Maestro. Provengono dal mio povero frutteto. E questa è acqua addolcita con miele, preparata da mia madre. Forse, Simone, tu preferirai questo vino bianco.

Prendine un po'. E' il vino della mia vigna. E tu, Giovanni? Prendi la stesse cose del Maestro?
"Giuda è felicissimo mentre versa le bevande in

bellissimi calici d'argento, ostentando così la sua ricchezza.

Sua madre non è molto loquace. Ella osserva... osserva... Giuda, e ancora di più Gesù, e quando Gesù, prima di mangiare, le offre il frutto più bello - di colore rosso-giallo - e le dice:

"Prima di tutto alla madre, sempre", i suoi occhi si riempiono di lacrime.

"Madre, il letto è pronto?" Chiede Giuda.

"Sì, figlio mio. Penso di averti fatto tutto bene. Ma io sono stata allevata qui e ho sempre vissuto qui e non conosco... non conosco le abitudini dei re."

"Quali abitudini, donna? Quali re? Cosa hai fatto, Giuda?"

"Non sei Tu il promesso Re di Israele? E' tempo che il mondo Ti saluti come tale, e ciò deve avvenire per la prima volta qui, nella mia città, nella mia casa. Io Ti onoro come tale. Per il mio bene, e per il rispetto dovuto ai Tuoi nomi di Messia, Cristo, Re, che i Profeti Ti hanno dato per ordine di Yahweh, non smentirmi."

"Donna, amici, vi prego. Devo parlare con Giuda. Ho precise istruzioni da dargli."

La madre e i discepoli si allontanano.

"Giuda: cosa hai fatto? Mi hai compreso così poco finora? Perché abbassarmi al punto di rendermi solo un uomo potente del mondo, anzi: un uomo che ordisce intrighi per divenire potente? E non capisci che questa è un'offesa, anzi un ostacolo alla Mia missione? Sì. Non negarlo. E' un ostacolo. Israele è assoggettata a Roma. Sai cosa è successo quando sollevarono contro Roma qualcuno che sembrava un capo delle folle e destò il sospetto di creare un'insurrezione. Solo qualche giorno fa hai sentito quanto furono spietati nei confronti di un Bambino perché temevano che potesse diventare un re secondo il mondo. E ancora tu!...

Oh! Giuda! Cosa ti aspetti dalla sovranità della carne? Cosa ti aspetti? Ti ho dato tempo per pensare e decidere. Ti ho parlato chiaramente sin dal principio. Ti ho anche respinto perché sapevo... perché so, leggo e vedo ciò che è in te. Perché vuoi seguirmi, se non vuoi essere come Io voglio che tu sia? Allontanati, Giuda. Non far del male a te stesso e non far del male a Me... Allontanati. E' meglio per te. Non sei un lavoratore adatto a questo compito. E' di gran lunga al di sopra di te. In te vi è orgoglio, ingordigia e tutte le sue tre diramazioni, vi è arroganza... anche tua madre deve aver paura di te... tu sei incline alla falsità... No, il Mio seguace non deve essere tale. Giuda, Io non ti odio, non ti maledico. Ti dico semplicemente, e te lo dico con il dolore di uno che sa di non poter cambiare la persona che ama, ti dico solo: vai per la tua strada, fatti strada nel mondo, perché è ciò che vuoi, ma non restare con Me.

La mia vita!... Il mio palazzo reale! Quanto sono piccoli e gretti! Sai dove sarò un Re? Quando sarò proclamato Re? Quando sarò sollevato su un tristemente noto pezzo di legno e il Mio stesso sangue sarà la Mia porpora, e la mia corona sarà un cerchio di spine e la mia insegna un manifesto di scherno e le maledizioni di tutto il popolo, del Mio popolo, saranno le trombe, i tamburi, gli organi, le cetre che saluteranno la proclamazione del Re. E sai per atto di chi avverrà tutto ciò? Per atto di qualcuno che non Mi ha compreso. Uno che non avrà compreso nulla. Uno il cui cuore era un vuoto pezzo di bronzo, che l'orgoglio, la sensualità

e l'avarizia avranno riempito dei loro umori, che
genererà spire di serpenti che saranno usate per
incatenarmi e... e per maledirlo. Gli altri non sono
così ben consapevoli del Mio destino. Ti prego di
non dirlo a loro. Teniamolo per noi. In ogni caso è
un rimprovero... e tu resterai calmo ed eviterai di
dire: 'Sono stato rimproverato'... E' chiaro, Giuda?"

Giuda è arrossito così tanto da sembrare viola. E'
di fronte a Gesù, mortificato, a testa bassa... si
inginocchia e piange con la testa sulle ginocchia di
Gesù: "Io Ti amo, Maestro, non respingermi. Sì,
sono orgoglioso e stolto ma non mandarmi via. No.
Maestro. Non lo farò mai più. Hai ragione. Sono
stato sconsiderato. Me c'è dell'amore nel mio
sbaglio. Io voglio onorarti... e volevo che anche gli
altri Ti onorassero... perché Ti amo. Hai detto così
tre giorni fa: 'Quando commetti uno sbaglio senza
malizia, per ignoranza, non è un errore, ma un
giudizio imperfetto: come l'errore di un bambino, e
Io sono qui per rendervi adulti.' Eccomi qui, qui
appoggiato alle Tue ginocchia... Tu hai detto che
saresti stato un padre per me... e sono qui
appoggiato alle Tue ginocchia come se fossero
quelle di mio padre, e Ti chiedo di perdonarmi, e di
rendermi 'adulto', un santo adulto... Non
mandarmi via, Gesù, Gesù, Gesù... Non tutto è
cattivo in me. Lo sai: ho lasciato tutto per Te e
sono venuto. Tu sei molto di più degli onori e delle
vittorie che ho servito all'altra gente. Tu in realtà
sei l'amore del povero Giuda infelice che non
vorrebbe darti altri che Gioia, e invece è la causa
del Tuo dolore..."

"Ve tutto bene, Giuda. Ti perdono un'altra volta..."
Gesù sembra stanco... "Ti perdono, sperando...
sperando che in futuro tu Mi capirai."

"Sì, Maestro. Ma adesso non smentirmi, altrimenti
mi derideranno. Tutti a Kariot sanno che stavo per
arrivare con il Discendente di Davide, il Re di

Israele... e la città ha fatto dei preparativi per darti il benvenuto... pensavo di fare una cosa buona... mostrandoti cosa si deve fare per essere rispettato e ricevere obbedienza... e volevo anche mostrarlo a Giovanni e Simone, e attraverso di loro, a tutti gli altri che Ti amano ma Ti trattano come un loro pari... Anche mia madre sarebbe schernita, come la madre di un pazzo bugiardo. Per il suo bene, mio Signore... E giuro che..."

"Non giurare a Me. Giura a te stesso, se puoi, che non ricommetterai un tale peccato. Per il bene di tua madre e dei tuoi amici cittadini Io non ti farò vergognare andando via senza fermarmi qui. Alzati."

"Cosa dirai agli altri?"

"La verità..."

"No, non farlo..."

"La verità: che ti ho dato istruzioni per oggi. E' sempre possibile dire la verità in maniera caritatevole. Andiamo. Chiama tua madre e gli altri."

Gesù è piuttosto severo. Sorride di nuovo solo quando Giuda ritorna con sua madre e i discepoli. La donna sembra in grande disagio e guarda Gesù, ma acquista confidenza quando vede il Suo atteggiamento gentile.

"Andiamo a Kariot? Ho riposato e voglio dirti grazie, madre, per tutta la tua gentilezza. Che il Paradiso ti ricompensi e conceda riposo e pace al tuo defunto marito, per tutta la tua carità nei Miei confronti. "

La donna cerca di baciargli la mano, ma Gesù le accarezza il capo e così le evita di farlo.

"Il carro è pronto, Maestro. Vieni."

Fuori, infatti, sta arrivando un carro trainato da un bue. E' un carro confortevole, su cui hanno disposto dei cuscini come sedili e una tenda rossa come copertura.

"Sali, Maestro."

"Prima tua madre. "

La donna sale, poi salgono Gesù e gli altri.

"Siediti qui, Maestro." (Giuda non Lo chiama più re).

Gesù si siede davanti, e Giuda accanto a Lui. La donna e i discepoli sono dietro. L'uomo che guida il carro sprona i buoi accanto a loro a camminare.

E' un breve viaggio; poco più di quattrocento metri. Ora si intravedono le prime case di Kariot e sembra una cittadina rispettabile. Un ragazzino, che osservava dalla strada soleggiata, corre via improvvisamente. Quando il carro raggiunge le prime case, i notabili e la gente Gli danno il benvenuto; le case sono decorate di drappeggi e rami. La gente urla di gioia e fa profondi inchini. Gesù, dall'alto del Suo trono ondeggiante, non può far altro che salutarli e benedirli.

Il carro avanza e, dopo aver attraversato una piazza, svolta in una strada e si ferma davanti a una casa la cui porta è già spalancata e due o tre donne attendono alla porta. Si fermano e scendono. "La mia casa è la Tua, Maestro. "

"Pace ad essa, Giuda. Pace e santità."

Entrano. Oltre l'ingresso si trova un'ampia stanza, con bassi divani e mobili intarsiati. I notabili del posto ed altra gente entra con Gesù. Ci sono molti inchini e curiosità: una gioia ostentata. Un solenne uomo anziano tiene un discorso:

"E' un grande onore per la terra di Kariot riceverti, mio Signore. Una grande fortuna! Un lieto giorno! E' una grande fortuna averti qui e vedere che un figlio di Kariot è un Tuo amico e assistente. Che sia benedetto perché Ti ha incontrato prima di tutti gli altri! E che Tu sia benedetto dieci volte perché Ti sei rivelato: Tu sei colui Che è stato atteso per generazioni e generazioni. Parla, mio Signore e Re. I nostri cuori sono ansiosi di ascoltare la Tua parola, come la terra inaridita da un'estate ardente attende le prime leggere piogge di settembre."

www.ingramcontent.com/pod-product-compliance
Lightning Source LLC
Chambersburg PA
CBHW061335040426
42444CB00011B/2931